Knaur

Christopher A. Weidner

Feng Shui

Du bist, wie Du liebst

*Mein besonderer Dank gilt
Nicole Truckenbrodt, Managementtrainerin und
Organisationsberaterin, die mir mit ihrem
großem Wissen und ihrer Erfahrung in Sachen Herzens-
kommunikation wesentliche Inspirationen
für dieses Buch gegeben hat.*

Knaur

Christopher A. Weidner

Feng Shui
Du bist, wie Du liebst

Wie Sie sich selbst neu entdecken
und die Beziehungen zu anderen bereichern

www.knaur-ratgeber.de

Inhalt

Ich liebe, also bin ich

Die Sehnsucht nach Liebe und Partnerschaft gehört wohl zu den mächtigsten Triebfedern des Menschen. Nach der Lehre des Feng Shui bedeutet Liebe für jeden etwas anderes: Wie wir lieben, ist ganz individuell und sagt sehr viel über unsere Persönlichkeit aus.

Liebe ist ...

Was ist Liebe eigentlich? Kennen Sie eine Definition? Jeder von uns weiß, wie sie sich anfühlt, kennt ihre zahlreichen Schattierungen, helle wie dunkle. Höchstes Glück und tiefstes Leid haben viele von uns bereits in der Liebe erfahren. Dennoch gibt es offenbar keine allgemeingültige Antwort auf diese Frage.

Was bedeutet Liebe für Sie?

Welche Assoziationen gehen Ihnen spontan durch den Kopf, wenn Sie das Wort Liebe hören oder lesen? Welche Bilder tauchen vor Ihrem geistigen Auge auf? Vielleicht erinnern Sie sich an einen Moment mit Ihrem Partner, oder an die Sehnsucht, die Sie bei seiner Abwesenheit empfanden; vielleicht werden die Stunden der Verliebtheit wieder in Ihnen wach, in denen sich Ihre Gedanken ausschließlich und immerzu um den geliebten Menschen drehten – oder Sie denken an ein erotisches Abenteuer zurück.

Liebe hat viele Gesichter

Aber denken wir bei Liebe wirklich nur an Partnerschaften und Liebesbeziehungen? Vielleicht wird in Ihnen genauso die Fürsorge der Eltern wieder lebendig, das Vertrauen, das sie in Sie gesetzt haben, und die Geborgenheit, die sie Ihnen geschenkt haben. Oder Sie erinnern sich an die Unterstützung guter Freunde, als Sie in Not waren – ein Wort genügte und sie waren zur Stelle. Und natürlich gehört auch die Liebe zu den eigenen Kindern dazu: sie groß werden zu sehen, sie anzunehmen, wie sie sind, egal was auch geschieht. Und was ist mit der Nächstenliebe oder der vielbeschworenen Selbstliebe? Was mit der Liebe zur Heimat oder zum Beruf? Liebe hat so viele Gesichter – wer könnte sie in wenigen Worten beschreiben?

Die Chemie der Liebe

Auch die Wissenschaft hat sich mit der Liebe auseinandergesetzt. So wissen wir, dass sich der Zustand des Verliebtseins deutlich an den Gehirnströmen erkennen lässt und dass beim Verliebten die gesamte Biochemie »verrückt« spielt. Es werden die Hormone Dopamin, Adrenalin und Endorphin ausgeschüttet, die für die typische Euphorie und die rauschhaften Glücksgefühle sorgen. Gleichzeitig sinkt der Serotoninspiegel, so dass wir sagen können: der Verliebte ist im wahrsten Sinne des Wortes nicht ganz bei Verstand. Wie gut, dass sich dieser Ausnahmezustand nach 24 bis 36 Monaten wieder gibt. Soll eine Beziehung diese Phase der Verliebtheit überdauern, greifen die Hormone Oxytocin und Vasopressin ein: sie sorgen für die nötige Bindung zwischen zwei Menschen.

Jeder liebt anders

Liebe – sie reicht von Sympathie bis Begehren, von leidenschaftlicher Ekstase bis hin zu unverbrüchlicher Treue, lässt uns zärtlich sein und dann wieder wild. All das ist Liebe, und noch viel mehr. Wir können zwar nicht sagen, was Liebe genau ist, aber wir können beschreiben, wie Liebe auf uns wirkt. Jeder von uns hat seine eigene Geschichte, seine eigenen Bilder und Assoziationen, in jedem von uns werden ganz andere Wünsche wach. Jeder ist auf seine einzigartige Weise auf Liebe eingestimmt: Was auch immer Ihnen jetzt gerade eingefallen ist – es ist Ausdruck dieser individuellen Art und Weise zu lieben.

Liebe macht uns neu

Jeder von uns weiß, wie sich Liebe anfühlt. Wir haben sie in ihren unterschiedlichen Auswirkungen an unserem eigenen Leibe erfahren. Wenn wir lieben, verändern wir uns: wir haben eine andere Ausstrahlung, gehen anders auf unsere Umwelt zu und zeigen neue Verhaltensweisen. Auch wenn wir Liebe nicht definieren können – ihre Auswirkungen auf uns sind uns bewusst.

Die Liebe macht uns verrückt und glücklich zugleich, sie ist Anlass für tiefste Trauer und höchste Ekstase.

Jeder, der schon einmal verliebt war, weiß, wie die Emotionen einen in diesem Zustand zu den verrücktesten Dingen verleiten, wie wir auf einmal über unseren Schatten springen können, wo wir zuvor noch mit Sicherheit verzagten. Und wer schon einmal den Stachel der Eifersucht gespürt hat, der weiß, was dieses Gefühl in einem anrichten kann, zu welchen Worten und Taten es verleiten kann. Kein anderes Gefühl bewegt uns auf so vielschichtige Weise wie die Liebe.

Worte der Liebe

Über die Liebe wurden schon so viele Worte verloren wie über kaum ein anderes Thema. Auf der folgenden Seite finden Sie einige Gedanken zur Liebe. Lassen Sie sich davon inspirieren, markieren Sie sich die Zitate, bei denen Sie eine Resonanz spüren – und stellen Sie sich die Frage, was Liebe *für Sie* ist.

Sprichwörter-Wiese

»Alter schützt vor Liebe nicht,
aber Liebe schützt manchmal vor Alter.« – *Jeanne Moreau*

»Die Liebe stirbt niemals an Hunger,
wohl aber an Übersättigung.« – *Ninon de Lenclos*

»Lass dich nicht davon abbringen, was du unbedingt tun willst.
Wenn Liebe und Inspiration vorhanden sind, kann es nicht schief gehen.«
– *Ella Fitzgerald*

»Liebe ist das einzige, das wächst,
indem wir es verschwenden.« – *Ricarda Huch*

»Liebe ist nicht Sex. Sex ist nicht Liebe. Aber es ist wie im siebten Himmel,
wenn eins zum andern kommt.« – *Madonna*

»Wenn man geliebt wird, ist alles in Ordnung.«
– *Hella von Sinnen*

»Auf Schönheit gebaute Liebe
stirbt so schnell wie die Schönheit.« – *John Donne*

»Dankbarkeit und Liebe sind Geschwister.« – *Christian Morgenstern*

»Das Gegenteil von Liebe ist nicht Hass, sondern Gleichgültigkeit.«
– *Elie Wiesel*

»Das ist das Eigentümliche an der Liebe,
dass sie sich niemals gleich bleiben kann; sie muss unaufhörlich wachsen,
wenn sie nicht abnehmen soll.« – *André Gide*

»Das Leben ist Schlaf, dessen Traum die Liebe ist.
Du wirst gelebt haben, wenn du geliebt haben wirst.« – *Alfred de Musset*

»Die Forderung, geliebt zu werden, ist die Größte der Anmaßungen.«
– *Friedrich Nietzsche*

»Die Liebe besteht zu drei Vierteln aus Neugier.« – *Giacomo Casanova*

»Ein Tropfen Liebe ist mehr als ein Ozean an Wissen
und Verstand.« – *Blaise Pascal*

»Jemanden zu lieben heißt, ihn so zu sehen,
wie Gott ihn gemeint hat.« – *Fjodor Dostojewski*

Die wahre Liebe

Auf die Frage nach der Liebe kann jeder nur seine eigene Antwort geben. Doch wenn wir uns in der Welt, in der wir leben, umsehen, machen wir eine interessante Entdeckung: Sie ist voller Anspielungen und Hinweise darauf, was wir unter der wahren Liebe zu verstehen haben. Die Gesellschaft vermittelt uns in der Werbung, in Zeitschriften, im Kino und im Fernsehen, dass Liebe nach ganz bestimmten Kriterien funktionieren muss, wenn sie das ganze Leben halten soll: Verliebtheit mündet in Hochzeit und in ewige Treue. Man zieht zusammen, heiratet, gründet eine Familie, bewältigt gemeinsam den Alltag. Zwischen Mann und Frau werden die Rollen angemessen verteilt, und man richtet es sich in seinem trauten Heim schön ein …

Diesen Bildern sind wir ununterbrochen ausgesetzt – und sie prägen unsere persönlichen Vorstellungen von der Liebe, beeinflussen unseren individuellen Liebesstil. Viele Menschen glauben, dass etwas nicht mit ihnen stimmt, wenn es ihnen nicht gelingt, dieses Ideal von Partnerschaft in ihrem Leben zu verwirklichen.

Die gesellschaftlichen Bewertungen darüber, was wahre Liebe ist und was nicht, üben großen Druck auf uns aus. Sie lassen uns an uns selbst zweifeln, weil wir nicht in der Lage sind, die eine große Liebe zu finden.

Hören Sie nicht auf zu suchen

Und dann kommt vielleicht der Augenblick, da wir unsere persönlichen Visionen von Liebe ganz aufgeben, weil wir Angst haben, allein zu bleiben. Wir gehen eine Beziehung ein, die nicht unseren, sondern den Vorstellungen der Gesellschaft entspricht, einfach weil wir glauben, dass wir uns entscheiden müssen, bevor es zu spät ist. Wir hören auf, weiter nach dem für uns richtigen Menschen, nach der für uns stimmigen Form der Beziehung zu suchen.

Wir entscheiden uns, so schnell wie möglich »anzukommen« – nur leider eben mit halbem Herzen.

Und weil es weh tut, uns dabei zu beobachten, wie wir uns selbst betrügen, verschließen wir die Augen vor unseren eigentlichen Bedürfnissen und reden uns die Partnerschaft schön. Doch oft genug geht die Rechnung nicht auf: Gerade Beziehungen, die nicht darauf aufbauen, dass wir unserem Herzen gefolgt sind, sondern gesellschaftlichem Druck nachgegeben haben, sind alles andere als langlebig.

Liebe muss sich frei entfalten

Aus der Sicht von Feng Shui ist es keine Liebe, wenn sie unter Druck entsteht. Sie muss sich frei entfalten können, und zwar entsprechend unserer individuellen Bedürfnisse. Feng Shui – die uralte chinesische Lehre vom Zusammenhang zwischen der Welt, mit der sich der Mensch umgibt, und seiner Seele – sagt: Liebe ist immer Ausdruck der Persönlichkeit des Menschen. Wir können nur lieben, wenn wir uns im Einklang mit uns selbst befinden. Wir lieben, wie wir sind.

Feng Shui betont diese Individualität von Liebe, und die Beschäftigung mit Feng Shui kann uns helfen, die Einzigartigkeit unserer Liebe und unseren Liebesstil zu entdecken oder wiederzufinden.

Qi ist Leben

Liebe ist im Feng Shui eine besondere Ausdrucksform der alles durchströmenden Lebensenergie Qi. Qi durchdringt alle Ebenen des Seins, es manifestiert sich in der Welt, die uns umgibt, ebenso wie in unserer Seele. Es ist in allem reichlich vorhanden und die universelle Quelle alles Lebendigen, aus der wir eingeladen sind zu schöpfen, um unser Leben glücklicher und zufriedener zu gestalten. Es ist wichtig, dass wir unsere Umwelt so gestalten, dass sie den Qi-Fluss fördert und nicht hemmt – das ist der Grundgedanke von Feng Shui, was so viel bedeutet wie »Wind und Wasser«. Wie in diesen beiden Ausdrucksformen der Natur können wir das Wesen dieser universellen Lebenskraft überall beobachten und die Prinzipien, die wir dort entdecken, auf unser Leben übertragen.

Wir sprechen von gutem Feng Shui, wenn sich Qi seiner Natur nach bewegen kann, so wie das Wasser fließen und der Wind wehen kann. Qi soll sich an einem Ort sammeln können, darf sich aber nicht stauen. Feng Shui lehrt uns, wie wir Orte schaffen können, an denen Qi frei fließen und sich sammeln kann, ohne aufgehalten zu werden, denn Qi muss immer in Bewegung bleiben, muss sich immer wandeln können.

Tipp: Stellen Sie sich den Lauf eines sich ruhig durch grüne Wiesen und Felder schlängelnden Baches vor. Er fügt sich in seine Umgebung ein, passt sich ganz organisch den natürlichen Formen der Landschaft an. Seine Ufer halten das Wasser zusammen und leiten zugleich seinen Fluss. Das Wasser strömt beständig, aber ohne Eile dahin, es ist frisch, klar und lebendig. An den Innenseiten seiner Biegungen kann sich fruchtbare Erde ansammeln, die zur Grundlage für urbares Land wird. Dies ist das Bild von Qi in seiner optimalen Gestalt.

Entdecken Sie Qi in der Natur …

Begeben Sie sich auf eine Erkundungstour und entdecken Sie Qi in Ihrer Umgebung! Am besten gelingt dies auf Spaziergängen in der freien Natur. Sie werden Qi in den sanft geschwungenen Hügelkuppen finden, in den geschwungenen Uferlinien eines Sees, in den sich kräuselnden Wellen auf der Wasseroberfläche, in den Konturen von Büschen und Bäumen, in den sich ununterbrochen verändernden Wolkenformationen, in einem sanft sich dahinschlängelnden Bach, in den Wellenmustern, die der Wind in einem Kornfeld zeichnet … Aber auch in besiedelten Gebieten und in Städten ist Qi zu finden: in geschwungenen Wegen, in abwechslungsreicher Bebauung, Parklandschaften, auf dem Marktplatz mit seinem Kommen und Gehen.

… und in Ihrer Wohnung

Begeben Sie sich auch auf eine Entdeckungsreise in Ihre eigenen vier Wände: Wo finden Sie hier Anzeichen für ungehinderten Qi-Fluss? Vielleicht in den geschwungenen Möbelanordnungen im Wohnzimmer, der abwechslungsreichen Dekoration im Flur, im Wechselspiel zwischen Licht und Schatten im Schlafzimmer? Es gibt überall Gelegenheiten, seine Sinne für Qi im Alltag zu schärfen. Wer seine Aufmerksamkeit immer wieder auf das Wirken von Qi in der Außenwelt lenkt, der wird auch sein Bewusstsein für das Wirken dieser Lebensenergie in sich selbst stärken.

Qi in unserem Körper

Auch jeden Menschen durchströmt Qi. Es fließt durch unseren Körper genauso wie durch unsere Wohnungen und Häuser. Qi hält uns am Leben und schenkt uns Gesundheit und Zufriedenheit. Viele fernöstliche Körperübungen wie Tai Qi oder Qi Gong bemühen sich, dieses Qi in uns in Fluss zu bringen und Blockaden vorzubeugen. Wenn zwei Menschen einander begegnen, kommt jeder mit dem Qi des anderen in Berührung. Daraus entsteht eine neue Dynamik des Energieflusses, die vorher nicht gegeben war. Eine Beziehung ist mehr als nur die Summe der Eigenschaften zweier Menschen: sie ist etwas Neues, Drittes, das sich in seiner Einzigartigkeit nur zwischen diesen beiden Menschen zeigen kann.

Ein Ort, an dem gutes Feng Shui, sprich: ausreichend Qi, vorhanden ist, ist ein Ort der Begegnung und der Freude. Wir halten uns gern an ihm auf, und es fällt uns leicht, mit anderen Menschen in Berührung zu kommen – er lädt zur Kommunikation und zum Austausch ein. Qi bewegt die Menschen an einem solchen Ort aufeinander zu, schafft Verbindungen zwischen ihnen – und ist somit die

Grundlage für Liebe und Freundschaft zwischen den Menschen. Wo es an Qi mangelt, werden Missverständnisse, Streit und Isolation vorherrschen. Die Menschen werden sich eher voneinander abwenden, als offen aufeinander zuzugehen.

Wie das Qi von Räumen unsere Beziehungen beeinflusst

Welche Orte der Begegnung kennen Sie? Wo halten Sie sich gern auf – und wo nicht? Spüren Sie nach, was den Unterschied ausmacht zwischen einem Ort, an dem Sie sich gern mit einem anderen Menschen verabreden, und einem Ort, den Sie lieber meiden. Kennen Sie Wohnungen, in denen Sie sich sofort wohlfühlen und es ganz leichtfällt, miteinander in Kontakt zu kommen? Und erinnern Sie sich an Situationen, in denen sich partout kein Gespräch entwickeln wollte und Sie sich am liebsten weit weg gewünscht hätten – wie war dort die Umgebung? Warum treffen wir uns lieber in einem Straßencafé oder dem netten Restaurant um die Ecke als in der U-Bahn oder am Rande einer vielbefahrenen Straße? Weil sich dort Qi nicht halten kann: Es fließt zu schnell vorbei und kann seine positive Kraft nicht entfalten. Das Gleiche gilt für Räume und Plätze, in denen die Lebensenergie nicht abfließen kann, z.B. in Kellerräumen, dunklen Winkeln und Ecken eines Raumes, Orten mit schlechter Belüftung usw. Die Wahl des Ortes für eine Begegnung ist entscheidend dafür, ob sich das Qi zwischen zwei Menschen entwickeln kann. Deshalb: Wenn Sie das nächste Mal einen Ort für eine Verabredung aussuchen, achten Sie darauf, einen Treffpunkt zu wählen, an dem reichlich Qi vorhanden ist.

Tipp: Es ist interessant zu beobachten, wohin wir uns ganz automatisch bewegen, wenn wir uns in unserem Zuhause mit einem Menschen wohlfühlen wollen. In vielen Haushalten ist dies die Küche, in anderen ein besonderer Platz in der Nähe eines Fensters mit einer schönen Aussicht. Wo ist Ihr Begegnungs-Lieblingsplatz? Aus der Sicht von Feng Shui sollten Sie diesen Platz in besonderen Ehren halten, indem Sie ihn z.B. stets einladend gestalten, aufgeräumt halten und ihn besonders dekorieren.

Feng Shui für die Seele

Das Geheimnis des Qi besteht aber nicht nur darin, dass der Ort auf eine bestimmte Art und Weise die Lebensenergie einladen muss, sich dort zu sammeln (wie Sie Ihre Wohnräume konkret gestalten können, um gutes Feng Shui anzuziehen, besprechen wir ausführlich in Kapitel 6 dieses Buches). Es ist ein Irrtum, wenn manche meinen, sie müssten lediglich ihre Schlafzimmerwand neu streichen und sich Bambusflöten in die Zimmerecke hängen, um mehr Glück in der Liebe zu haben. Vor der Einrichtung der Wohnung kommt die richtige Einstellung. Wenn ich etwas verändern möchte, dann muss ich zuerst Klarheit darüber gewinnen, was genau ich verändern möchte. Feng Shui handelt von der Wechselwirkung zwischen der Seele des Menschen und seiner Umgebung: wie innen, so außen. Wenn dies das Grundgesetz des Feng Shui ist, dann gilt auch, dass jede unserer Handlungen unserer Umwelt genau die Stimmungen und Einstellungen aufprägt, die gerade in uns vorherrschen. Jeder kennt das: Das innere Chaos spiegelt sich in der äußeren Unordnung.

Ordnung im Äußeren spiegelt Klarheit im Inneren

Nun können wir natürlich einen ersten positiven Impuls setzen, indem wir zunächst einmal unseren Schreibtisch aufräumen, in unseren Schränken ausmisten und gründlich putzen. Und natürlich wird dies auch eine ordnende Wirkung auf unsere Persönlichkeit haben. Aber es dauert nicht lange, bis das Chaos wieder von Ihnen Besitz ergreift. Das liegt daran, dass keine innere Klarheit in Ihnen herrschte, als Sie Ordnung gemacht haben. Unbewusst hat sich Ihre innere Unordnung dem Raum aufgeprägt. Erst wenn Sie auch innerlich bereit sind für Klarheit und Ordnung, werden Sie das Chaos im Äußeren dauerhaft beherrschen.

Qi ist Liebe

Darum ist dieses Buch kein gewöhnliches Feng-Shui-Buch. Es beschränkt sich nicht darauf, Ihnen Einrichtungstipps zu geben, sondern möchte Sie einladen, die Prinzipien des Feng Shui auch auf Ihre Seele anzuwenden. Feng Shui wird so zu einer Lebensphilosophie mit dem zentralen Thema: das Qi in sich und in seiner Umgebung zu sammeln und fließen zu lassen. Wenn Ihnen dies gelingt, dann werden Sie die Energie, die alles Leben auf diesem Planeten bewegt, als eine universelle Kraft erfahren, die aus einer nie versiegenden Quelle gespeist wird: der Liebe.

Qi ist Liebe – es ist die Kraft, die alles Lebendige auf der Welt miteinander verbindet.

Wenn diese Kraft in uns lebendig ist, dann werden auch unsere Beziehungen lebendig sein. Sie werden uns stärken und glücklich machen, unser Leben bereichern und uns dazu anregen, unsere Persönlichkeit zu entwickeln. Wir werden jeden Aspekt der Liebe als Chance begreifen, in Einklang mit den eigenen Bedürfnissen zu kommen. Liebe ist dann nicht mehr das, was andere darüber denken und meinen – sie ist der individuelle Ausdruck unserer Persönlichkeit. Wir sind, wie wir lieben – und wir lieben, wie wir sind.

Jeder liebt auf seine Weise

Aus der Sicht des Feng Shui ist Liebe ein Weg der Selbstverwirklichung. Wenn wir uns einem Menschen in Liebe verbunden fühlen, haben wir die einzigartige Chance, unsere Persönlichkeit zu gestalten. Nichts fordert unsere persönliche Entwicklung so sehr heraus wie eine Liebesbeziehung. Liebe fördert unser gesamtes Potenzial zutage und schenkt uns die Möglichkeit, uns selbst neu zu entdecken und zu verändern. Wenn in Beziehungen diese Veränderung nicht möglich ist, dann ist das Qi der Liebe blockiert. Der erste Schritt, um an diesem Zustand etwas zu verändern, ist zu erkennen, dass es so etwas wie eine »wahre Liebe« nicht gibt. Jeder Mensch bevorzugt eine andere Art und Weise zu lieben.

Die fünf Farben der Liebe

Feng Shui unterscheidet fünf verschiedene Liebesstile – wir können Sie die fünf Farben der Liebe nennen:

- *Der Networker:* Er zeichnet sich durch Kontaktfreude und einen spielerischen Umgang mit der Liebe aus.
- *Der Romantiker:* Für ihn spielen in der Liebe vor allen Dingen Erotik und Intimität eine Rolle.
- *Der Besitzergreifende:* Er braucht die Liebe des anderen wie die Luft zum Atmen – und verliert sich oft in Beziehungen.
- *Der Selbstlose:* Für ihn besteht der Sinn von Beziehung darin, den anderen glücklich zu machen.
- *Der Unverbindliche:* Für ihn ist Liebe eine Frage der Freiheit, in festen Beziehungen fühlt er sich schnell eingeengt.

In Kapitel 2 sind Sie eingeladen, Näheres darüber herauszufinden, welche Farbe der Liebe Ihre Lieblingsfarbe ist.

Ich bin, wie ich liebe

Was macht eine glückliche, erfüllte Partnerschaft aus? Eine einfache Antwort auf diese Fragen scheint es nicht zu geben. Denn: Für den einen ist Sicherheit das Wichtigste, der andere sieht das höchste Glück in der Freiheit, und wieder andere sehnen sich vor allem nach Zuneigung und Zärtlichkeit.

Die Kraft der Klarheit

Eines immerhin können wir mit einiger Gewissheit sagen: Jeder von uns wünscht sich klare Verhältnisse in seinen Beziehungen. Denn nur so wissen wir, wo wir in Bezug auf den anderen stehen. Und: Klarheit bringt Kraft in Beziehungen. Wenn Klarheit zwischen zwei Menschen herrscht, dann kann die Energie zwischen ihnen ungehindert fließen und wird nicht durch Missverständnisse blockiert.

Wenn die Klarheit verlorengeht

Am Anfang einer Beziehung, wenn wir noch frisch verliebt sind, spüren wir diese Kraft der Klarheit zumeist sehr deutlich. Sie bringt uns einander näher, überwindet Hürden und baut Brücken zwischen zwei Menschen. In dem Augenblick, in dem uns klar ist, dass wir einen anderen Menschen begehren und unser Leben mit ihm teilen wollen, ist alles möglich.

In den meisten Fällen geht diese Klarheit verloren, weil wir uns unserer Bedürfnisse in einer Partnerschaft nicht mehr bewusst sind. Nach einer gewissen Zeit nehmen wir eine Beziehung für selbstverständlich und verlieren dadurch den Kontakt zu dem, was uns ursprünglich dazu bewegt hat, diese Beziehung einzugehen – die Beziehung wird mechanisch. Klarheit geht auch verloren, wenn unsere Beziehung sich immer weiter von der Grundfrage entfernt: Wie können wir gemeinsam dafür sorgen, dass jeder Erfüllung in der Beziehung findet? Der zunehmende Alltagstrott, die vielen organisatorischen Details, die allmähliche Entzauberung des Gegenübers, die ganz alltäglichen Querelen – all dies trägt dazu bei, dass wir in unseren Beziehungen störende Elemente ansammeln, »Beziehungsmüll«, der uns daran hindert, Klarheit zu finden.

Zur Klarheit zurückfinden

Um dieser Tendenz entgegenzuwirken, ist es wichtig, sich immer wieder folgende Fragen zu stellen: *Woran merke ich, dass mich eine Beziehung (noch) erfüllt?* Und: *Was fehlt mir, wenn ich merke, dass sie mich nicht mehr erfüllt?* Erst wenn wir uns darüber im Klaren sind, können wir zur Kraftquelle zurückfinden. Dann können wir uns bewusst entscheiden, was in unserer Beziehung wichtig ist und was nicht – wir können unsere Beziehung entrümpeln, sie effektiv von angesammeltem Beziehungsmüll befreien.

Die fünf Beziehungstypen

Um Klarheit für unsere Beziehungen zu gewinnen, benötigen wir zudem Klarheit darüber, wer wir sind, wenn wir lieben. Welche Bedürfnisse habe ich in Beziehungen? Was brauche ich? Was bedeutet Erfüllung mit einem anderen Menschen für mich?

Im Feng Shui können wir fünf Beziehungstypen unterscheiden, die sich durch konkrete Vorlieben und Sehnsüchte, durch bestimmte Stärken, aber auch Schwächen auszeichnen. Der folgende Test hilft Ihnen dabei, Ihren individuellen Typ herauszufinden – seine Auswertung wird die Grundlage für weitere Analysen sein, die Ihnen im Lauf der Lektüre helfen können, die Kraft der Liebe in sich neu zu entdecken.

Kreuzen Sie bei jeder Frage möglichst spontan die Antwort an, von der Sie glauben, dass sie am besten mit Ihrem allgemeinen Beziehungsverhalten übereinstimmt. Gehen Sie dabei weniger von Ihren augenblicklichen Ansichten und Einschätzungen aus, sondern eher von der Gesamtschau Ihres Lebens in Beziehungen.

Vielleicht hilft es Ihnen, sich in konkrete Situationen aus Ihrer jüngeren Vergangenheit hineinzuversetzen. Wie haben Sie damals reagiert? Wie ist es Ihnen zuletzt ergangen, als Sie einen neuen Menschen kennengelernt haben? Wann empfanden Sie zum letzten Mal große Freude zusammen mit Ihrem Partner? Was genau hat den Typen, den Sie neulich auf einer Party kennengelernt haben, so unglaublich attraktiv gemacht? Je plastischer Sie sich Ihre Erinnerungen ausmalen, umso stimmiger werden die Antworten sein.

So finden Sie heraus, welcher Typ Sie sind

Nehmen Sie sich Zeit, jede Frage vor Ihrem geistigen Auge auszugestalten. Wählen Sie dann als Antwort nur solche Reaktionen aus, die Sie voll und ganz bejahen, von denen Sie sagen würden: »Typisch für mich!«

Nützlich kann auch sein, sich vorzustellen, was andere über einen sagen würden. Wie würde Ihre beste Freundin beschreiben, was Sie an einem Mann anziehend finden? Was sagt man in Ihrem Freundeskreis über Ihr Verhalten in Beziehungen? Was sagen andere, Ihnen nahestehende Personen, z. B. aus der Familie? Wie würde Ihr Partner Sie beschreiben? Wählen Sie nur Antworten, bei denen Sie sich insgeheim »ertappt« fühlen: Sie müssen deutlich den Eindruck haben, dass etwas Wahres an diesen Einschätzungen über Sie dran ist.

Test:
Welcher Beziehungstyp sind Sie?

1. Wie lernen Sie andere Menschen kennen?

- a Es fällt mir leicht, mit anderen Menschen in Kontakt zu kommen.
- b Durch mein Auftreten ziehe ich schnell die Aufmerksamkeit auf mich.
- c Ich brauche eine Aufwärmphase, bevor ich mich auf andere Menschen einlassen kann.
- d Ich lerne Menschen am liebsten kennen, wenn ich darauf vorbereitet bin. Ich überlasse ungern etwas dem Zufall.
- e Ich lerne dauernd Menschen kennen – ob ich will oder nicht.

Tipp: ***Versuchen Sie, sich in möglichst konkrete Situationen aus Ihrem Alltag hineinzuversetzen.***

2. Wie gehen Sie vor, wenn Sie einen Menschen näher kennenlernen möchten?

- a Ich versuche, mit ihm irgendwie ins Gespräch zu kommen und möglichst viel über ihn zu erfahren.
- b Ich verlasse mich auf mein Gespür und meine Ausstrahlung und zeige meine Sympathie eher unterschwellig, aber eindeutig.
- c Ich warte ab, bis mein Gegenüber deutliche Signale setzt, dass ich mich annähern darf.
- d Ich überlege mir genau, worauf mein Gegenüber anspringen wird, und gehe dann gezielt in ein Gespräch.
- e Ich habe keinen Plan – ich passe mich der Situation an und lasse mich überraschen.

3. Wie gehen Sie damit um, wenn sich ein Mensch nicht für Sie interessiert?

- a Ich schwenke schnell auf unverfängliche Themen um und versuche, das Beste aus dem Kontakt zu machen.
- b Das enttäuscht mich, und ich denke, der andere weiß gar nicht, was ihm oder ihr entgeht.
- c Das verunsichert mich sehr, und ich versuche, mich aus dieser peinlichen Situation irgendwie herauszuwinden.

- d Ich gehe davon aus, dass ich mich nicht getäuscht haben kann, und versuche es erneut.
- e Das ist mir im Grunde egal – ich wende mich einfach ab und schaue, was als Nächstes auf mich zukommt.

4. Was bewundern Sie an einem Menschen am meisten?

- a Seine Fähigkeit, auf andere einzugehen.
- b Die Kraft, für andere da zu sein.
- c Locker und gelassen auf andere zugehen zu können.
- d Spontaneität und Humor.
- e Sich auf einen anderen Menschen konzentrieren zu können.

5. Was finden Sie an einem Menschen attraktiv?

- a Seine individuelle und besondere Note.
- b Seine Ruhe und Gelassenheit.
- c Seine Klarheit und Aufmerksamkeit.
- d Seine Kreativität und Vielschichtigkeit.
- e Seinen Ideenreichtum und seine Tatkraft.

6. Angenommen, es kommt zu einer Intensivierung der Beziehung – wie sorgen Sie dafür, dass die Beziehung aufrechterhalten bleibt?

- a Ich lasse mir immer wieder etwas Neues und Ungewöhnliches einfallen, um die Beziehung spannend zu gestalten.
- b Ich überrasche meinen Partner gern mit schönen und wertvollen Geschenken.
- c Ich versuche, möglichst viel mit meinem Partner gemeinsam zu machen, um ihn nicht aus den Augen zu verlieren.
- d Ich plane gemeinsame Aktivitäten und versuche, unser beider Leben aufeinander abzustimmen.
- e Ich denke nicht groß darüber nach, sondern lasse mich jeden Tag aufs Neue auf die Beziehung ein.

7. Was ist Ihre größte Sorge in einer Beziehung?

- a Dass mein Partner mich irgendwann langweilig und uninteressant findet.
- b Dass mein Partner jemanden kennenlernt, der eine größere Ausstrahlung besitzt als ich.
- c Dass mein Partner mich einfach sitzenlässt und ich alleine zurückbleibe.
- d Dass sich unsere Lebensstile als inkompatibel erweisen.
- e In der Regel mache ich mir keine Sorgen – und wenn, dann verfliegen sie ebenso schnell, wie sie gekommen sind.

8. Was ist Ihre größte Freude in einer Beziehung?

- a Wenn wir ein gemeinsames Niveau finden, auf dem interessante Gespräche und neue Begegnungen möglich sind.
- b Wenn ich meinen Partner begeistern kann und ich merke, wie sehr er auf mich steht.
- c Wenn mein Partner mir deutlich zeigt, wie sehr er mich liebt.
- d Wenn mein Partner und ich ein geregeltes Miteinander finden und den Alltag zusammen meistern.
- e Das kann ich nicht sagen – mal ist es ein Lächeln, mal seine zottelige Frisur, mal ein ulkiger Versprecher ...

9. »Mein Partner ist für mich ...

- a ... jemand, mit dem ich Pferde stehlen kann.«
- b ... der Star in meinem Leben.«
- c ... mein Ruhepol, mein Ein und Alles.«
- d ... der Mensch, mit dem ich meinen Lebensabend verbringen möchte.«
- e ... immer neu – ich erlebe ihn immer wieder anders.«

10. »... bis dass der Tod euch scheidet.« So heißt es im Trauungszeremoniell. Was löst dieser Satz bei Ihnen aus?

- a Er macht mich nervös. Ist ein Fluchtweg offen?
- b Wer sich wann von wem trennt – das bestimme immer noch ich!
- c Mehr will ich gar nicht.
- d Das bedeutet, jede Menge Verantwortung zu übernehmen.
- e Auf Wiedersehen!

Auswertung

Notieren Sie, wie oft Sie welchen Buchstaben angekreuzt haben.

Der Buchstabe, den Sie am häufigsten angekreuzt haben, verrät Ihnen, welcher Beziehungstyp Sie sind. Haben Sie zwei Buchstaben gleich oft gewählt, lesen Sie unter beiden Typen nach.

Überwiegend a): Der Networker

Überwiegend b): Der Egoist

Überwiegend c): Der Klammerer

Überwiegend d): Der Aufopfernde

Überwiegend e): Der Unverbindliche

Der Networker – Beziehungen sind mein Leben

Ihnen fällt es leicht, Beziehungen aufzubauen, denn Sie gehen mutig und beherzt auf andere Menschen zu. Während andere noch Vorbehalte haben und zögern, machen Sie bereits den ersten Schritt, wenn es darum geht, sich auf jemanden einzulassen und sich in eine Gruppe zu integrieren. Ihre Neugier treibt Sie an, denn Sie gehen instinktiv davon aus, dass jeder Mensch Ihnen etwas zu bieten hat. Sie glauben fest daran, dass jeder Mensch interessant und in der Lage ist, Ihren Horizont zu erweitern.

Der Networker und die anderen

Stärker als andere glauben Sie an das Gute im Menschen. Jeder bekommt bei Ihnen eine Chance, sich so zu zeigen, wie er ist – auch wenn er sich vielleicht etwas von der Masse unterscheidet. Da Sie kaum vorgefertigte Meinungen haben, ist für Sie die Begegnung mit einem anderen Menschen wie das Erkunden eines unbekannten und somit aufregenden Landes, in dem Sie wie ein Pionier auf Entdeckungsreise gehen. An Ihrem Gegenüber interessiert Sie seine Andersartigkeit, seine Individualität, das, worin er sich von Ihnen unterscheidet und was ihn einzigartig macht.

Das bringt der Networker in Beziehungen ein

In der Partnerschaft können Sie ein wahrer Quell der Inspiration sein: Ihre Unternehmungslust und Ihr Sinn für den Aufbruch zu neuen Ufern beleben jede Beziehung und vermögen auch in eingefahrene Verhaltensmuster Bewegung zu bringen. Mit Ihnen wird es nie langweilig! Gerade wenn wichtige Entscheidungen anstehen, sind Sie mit Ihrer größten Stärke, Ihrer Flexibilität, ein wichtiger Impulsgeber.

Das braucht der Networker in einer Beziehung

So unternehmungslustig und spontan Sie auch sind, ist es Ihnen doch wichtig zu wissen: Was bedeutet es, eine gemeinsame Zukunft mit einem anderen Menschen zu haben. Gleichzeitig darf der Reiz des Neuen dabei nicht verloren gehen. Sie brauchen einen Partner, der Sie durch seine Andersartigkeit und seine Individualität stets in Bewegung hält. Glück in einer Partnerschaft bedeutet für Sie deshalb auch, Momente des Alleinseins zu genießen, um ungestört den eigenen Bedürfnissen, Gedanken und Gefühlen, nachgehen zu können. Und es bedeutet, die Partnerschaft immer wieder neu zu definieren. Deshalb ist es Ihnen wichtig, von Zeit zu Zeit Abstand zu bekommen, um neue Erfahrungen zu sammeln. Freunde und mehr noch der Aufbau neuer Freundschaften sind Ihnen wichtig. Manchmal fällt es Ihnen dann schwer, sich nur auf Ihren Partner zu konzentrieren, denn Sie wollen aus der Vielfalt der Begegnungen schöpfen. Das kann Ihnen ein Mensch allein kaum bieten. Wünscht sich der Partner dann mehr Aufmerksamkeit oder gar mehr Beständigkeit, fühlen Sie sich schnell eingeschränkt. Dabei wissen Sie selbst, wie gut es Ihnen hin und wieder täte, nicht auf allen Hochzeiten gleichzeitig zu tanzen. Denn etwas in Ihnen sehnt sich auch nach einem Ruhepol, an dem Sie das Erlebte erst verarbeiten, bevor Sie sich in ein neues Abenteuer stürzen. Beziehungen können ein solcher Mittelpunkt in Ihrem Leben sein.

Der Egoist – aus Leidenschaft ganz er selbst

Was erwarten Sie von einem Egoisten? Dass er der Dreh- und Angelpunkt seiner Welt ist. Dass er nur auf seinen Vorteil bedacht ist. Dass er jeden Kontakt nur danach beurteilt, ob er ihn weiterbringen kann oder nicht. Tatsächlich sind Sie als Egoist ein Mensch, dessen eigene Bedürfnisse immer ganz oben auf der Prioritätenliste stehen.

Der Egoist und die anderen

Doch auch als Egoist suchen Sie Glück in Beziehungen – nur verstehen Sie etwas ganz Bestimmtes darunter: Für Sie ist eine Partnerschaft dann interessant, wenn Sie klar die Marschrichtung vorgeben können. Genau darin besteht auch Ihre größte Stärke: Sie besitzen das Charisma des Gewinners und üben eine besondere Anziehungskraft auf Menschen aus, die gern jemanden um sich haben, der klare Worte findet und nicht lange fackelt, sondern gleich zur Sache kommt.

Es ist die Leidenschaft für sich selbst, die Sie als Egoisten beseelt und alle Ihre Handlungen beflügelt.

Für andere sind Sie oft ein Vorbild, weil Sie eine Aura von Unabhängigkeit umgibt: Sie lassen sich nichts sagen, begegnen Ihren Konkurrenten stets auf Augenhöhe und verfahren nach dem Motto »Möge der Bessere gewinnen!« Das verschafft Ihnen Respekt und nicht selten Gehör bei Autoritätspersonen.

Das bringt der Egoist in Beziehungen ein

Ihrem Enthusiasmus kann sich so leicht niemand entziehen. Ihnen gelingt es mit links, den »Funken der Begeisterung« von sich auf andere überspringen zu lassen. Voller Tatkraft engagieren Sie sich und können anderen durch Ihre starke Präsenz einen Eindruck davon vermitteln, wie es sich anfühlt, wenn man mit »Feuer-Eifer« bei der Sache ist. Eine Beziehung ohne das Feuer der Leidenschaft – das ist mit Ihnen nicht zu haben. Selbst die sprödesten Herzen öffnen sich Ihrem Charme und entdecken durch Sie die Lust am Augenblick. Dies ist Ihr Geschenk an den Partner: Vertrauen in das Hier und Jetzt und der klare, unverstellte Blick auf das, was ist.

Das braucht der Egoist in Beziehungen

Um Ihre Energien angemessen ausleben zu können, brauchen Sie Gelegenheiten, in denen Sie sich frei entfalten können. Besonders wichtig ist es Ihnen, Bestätigung von Ihrem Partner zu bekommen: Oft genügt schon eine kleine zärtliche Geste, die Ihr Herz groß und weit macht und Sie mit Liebe erfüllt.
Beziehungen sind immer eine große Herausforderung für Sie, denn Sie haben Ihr Leben darauf aufgebaut, sich von niemandem abhängig machen zu müssen. Auf den ersten Blick scheinen Sie daher – wenn überhaupt – Beziehungen zu favorisieren, in denen es eine klare Rollenverteilung gibt: Sie oben, der andere unten. Für Sie kann eine Beziehung nur dann gut funktionieren, wenn Sie das Gefühl haben, dass Ihnen niemand die Führungsrolle streitig macht. Andererseits haben Sie auch wenig übrig für schwache Persönlichkeiten, die sich alles gefallen lassen. Ihr Respekt gilt denjenigen, die sich mit Ihnen auseinandersetzen und die Reibung mit Ihnen suchen.

Aus diesem Dilemma heraus entsteht beim Egoisten leicht der Eindruck, dass es den oder die richtige Partnerin nicht gibt.

Der Klammerer – lass mich nicht allein

Als Klammerer gehören Sie zu den Menschen, denen Beziehung über alles geht. Partnerschaft ist für Sie ein Ort, an dem Sie Geborgenheit und Sicherheit finden. Entsprechend wichtig ist Ihnen die Wahl der Menschen, mit denen Sie sich umgeben. Von Ihrem Naturell her legen Sie großen Wert auf einen liebevollen Umgang miteinander und eine angenehme Atmosphäre. Konflikten gehen Sie lieber aus dem Weg – jeder Streit verunsichert Sie und torpediert Ihre Vorstellung, dass eine Beziehung das Paradies auf Erden sein sollte.

Der Klammerer und die anderen

Ständig beschleicht Sie die Angst, dass das, was Sie sich erarbeitet haben, sich letztlich als unbeständig erweisen wird. Verlustängste sind entsprechend stark ausgeprägt.

Um diesen entgegenzuwirken, versuchen Sie, alle Risiken weitestgehend zu vermeiden. So widmen Sie Ihre ungeteilte Aufmerksamkeit lieber einem einzigen Menschen, als dass Sie Wert darauf legen, sich einen großen Freundes- und Bekanntenkreis aufzubauen und diese Beziehungen zu pflegen. Diese Konzentration auf eine Person gibt Ihnen das Gefühl, alles leichter unter Kontrolle zu haben – birgt aber eine große Unsicherheit: Was, wenn dieser eine Mensch nicht mehr da ist? Die Angst vor dem Alleinsein erhöht nicht nur den Druck auf Sie selbst, sondern auch auf Ihren Partner.

Das bringt der Klammerer in die Beziehung ein

Jeder Ihrer Partner wird es bestätigen können: Sie sind die Zuverlässigkeit und Treue in Person. Wenn Sie sich einmal für einen Menschen entschieden haben, dann stehen Sie auch zu Ihrer Entscheidung.

Viele bewundern Ihre praktische Ader und die Stärke, in entscheidenden Situationen Nägel mit Köpfen zu machen. Dabei versuchen Sie, das Nützliche mit dem Angenehmen zu verbinden, wollen nicht nur praktisch denken, sondern Ihre Lebensumstände auch kreativ gestalten. Das zeigt sich oft besonders bei der liebevollen und gemütlichen Einrichtung einer gemeinsamen Wohnung.

Durch Ihre Verlässlichkeit bilden Sie einen ruhenden Pol in der Partnerschaft. Mit Ihrem großen Vertrauensvorschuss in das Miteinander, mit Ihrer Besonnenheit im Umgang, gepaart mit liebevoller Fürsorge für das Wohl des anderen, geben Sie der Partnerschaft das Gefühl von großer Innigkeit und Stabilität.

Das braucht der Klammerer in der Beziehung

Für Sie läuft eine Beziehung dann gut, wenn eines sichergestellt ist: alles bleibt so, wie es ist! Kritisch wird es für Sie, wenn Veränderungen anstehen und Sie sich auf neue Situationen einstellen müssen. Es fällt Ihnen schwerer als anderen, Neuerungen positiv, als kreative Herausforderungen zu sehen. Das stürzt Sie oft genug in folgendes Dilemma: Einerseits sind Sie bereit, alles für den Erhalt der Beziehung zu tun, andererseits darf sich aber nichts ändern, was dazu führt, dass sich Ihr Partner schnell von Ihrer Liebe erdrückt und bedrängt fühlt. Die Folge: die ersehnte Harmonie ist in Gefahr – und das ist das Allerletzte, was Sie sich wünschen.

Tipp: Die einzig sinnvolle Strategie in dieser Situation ist die Zusammenarbeit. Sie brauchen das Gefühl, ein Team zu sein, das sich Schulter an Schulter den Herausforderungen des Lebens stellt. Dann lassen Sie sich auch gern für neue Impulse begeistern. Sie brauchen hin und wieder einen Stachel, der Sie davon abhält, in eine kuschelige Trägheit zu verfallen, die zwangsläufig schnell in Langeweile umschlagen muss.

Der Aufopfernde – ich tue alles für dich

Wenn Sie zum aufopfernden Beziehungstyp gehören, dann werden andere von Ihnen sicherlich nur Gutes zu berichten wissen! Man kennt Sie als einen durch und durch uneigennützigen Menschen. Es gibt ein Problem? Schon sind Sie zur Stelle und suchen nach einer passenden Lösung. Irgendetwas fehlt? Sie sind schon auf dem Weg, um es zu besorgen. Es gibt einen Streit? Sofort legen Sie sich ins Zeug, um ihn zu schlichten.

Der Aufopfernde und die anderen

Für Sie ist das Leben in der Gemeinschaft ein hoher Wert, und Sie erwarten von sich und den anderen, alles zu geben – zum Wohle des Ganzen. Von Natur aus beobachten Sie ganz genau, wie es den Menschen in Ihrem Umfeld geht, und versuchen dort, wo es nötig erscheint, für Ausgleich zu sorgen. Deshalb sind Sie in der Regel als gerechter und vor allen Dingen scharfsinniger Zeitgenosse bekannt, dessen Urteil man gern einholt und nach dem man sich gern richtet.

Das bringt der Aufopfernde in die Beziehung ein

In einer Beziehung sind Sie es, der die Sache auf den Punkt bringen kann, wenn es mal wieder chaotisch wird. Sie bewahren einen kühlen Kopf, weil Sie wissen, dass nichts so heiß gegessen wird, wie es gekocht wird. Dabei strahlen Sie so viel Besonnenheit und zugleich echtes Interesse am anderen aus, dass oft schon Ihre bloße Anwesenheit ausreicht, damit sich Probleme in Luft auflösen. Ihre Fähigkeit, das Leben aus der Distanz zu betrachten und sich nicht nur von Emotionen leiten zu lassen, hilft, Perspektiven für die Zukunft zu entwickeln. Oft ist es Ihnen zu verdanken, dass eine Beziehung nicht aus der Laune eines Moments heraus aufs Spiel gesetzt wird, sondern das Wesen der Partnerschaft immer präsent bleibt.

Die Schattenseite: Sie fühlen sich viel zu schnell verpflichtet, auf alles und jeden einzugehen. So klar Sie die Sorgen und Nöte anderer wahrnehmen können – so wenig bewusst ist Ihnen manchmal, was Ihnen selbst fehlt. Denn nicht immer findet das, was Sie in die Gemeinschaft investieren, auch seinen gerechten Ausgleich in Form von Zuwendung und Anerkennung. Das merken Sie jedoch oft erst dann, wenn Sie sich bis zur völligen Erschöpfung verausgabt haben. Die Erfahrung, dass Sie mehr geben als bekommen, kann erschütternd sein. Doch deswegen werfen Sie Ihre Ideale nicht über Bord – aus Ihnen wird kein Egoist, so sehr Sie sich das vielleicht auch wünschen! Vielmehr sind solche Zusammenbrüche wichtige Phasen der Neuorientierung in Ihrem Leben. Ganz oder gar nicht – das ist Ihr Motto. So stehen Sie bald wieder auf den Beinen und beginnen von vorne.

Das braucht der Aufopfernde in der Beziehung

Sie sehen: Hinter der Rolle des Aufopfernden finden wir einen starken, aber manchmal auch kompromisslosen Lebensentwurf, bei dem die Tendenz besteht, sich in den Bedürfnissen der anderen zu verlieren und die eigenen Bedürfnisse zu ignorieren – um der höheren Aufgabe willen.

So unerschütterlich der Glaube des Aufopfernden an sich selbst auch ist: Selbst er ist hin und wieder unzufrieden mit sich und vor allen Dingen mit der Welt. Ein bisschen Wärme und Zuneigung bewirkt dann wahre Wunder! Schon sehen Sie die Dinge nicht mehr ganz so eng und sind in der Lage, auch einmal loszulassen. Wenn Sie drohen, sich in reiner Pflichterfüllung zu verlieren, kann Ihnen die Beziehung helfen, wieder zu sich selbst zu finden. Dazu ist nichts weiter notwendig als ein klärendes Gespräch oder ein entspannender Abend in trauter Zweisamkeit, damit Sie Ihre Energie wieder auf sich selbst richten können.

Der Unverbindliche – Halt mich nicht fest

Wenn einer den Titel »Heute hier – morgen dort« verdient, dann Sie. Das

Leben ist für Sie Bewegung, und das wollen Sie in vollen Zügen auskosten. Sie genießen es, die Welt im Wandel zu beobachten, und freuen sich auf jede Neuerung, jede Veränderung, die Ihnen eine neue Facette des Lebens offenbart. Was Sie dabei gar nicht gebrauchen können: Bindungen.

Der Unverbindliche und die anderen

Nicht, dass Sie an Beziehungen an sich nicht interessiert wären – im Gegenteil: Sie lieben es, sich von anderen Menschen inspirieren zu lassen. Jede Begegnung ist für Sie ein Impuls, Ihre Kreativität weiterzuentwickeln. Jeder Mensch, der Ihren Weg kreuzt, ist für Sie ein Spiegel Ihres eigenen Potenzials und lädt Sie ein, sich selbst aus einem anderen Blickwinkel zu betrachten.
Doch etwas Festes? Das kommt für Sie auf den ersten Blick nicht in Frage. Ihr Hunger nach Leben scheint so groß zu sein, dass Sie sich unmöglich auf einen Menschen konzentrieren können.

Man könnte sagen, der Unverbindliche ist so etwas wie der »Hippie« unter den Beziehungstypen.

Lockere Verbindungen, häufig wechselnde Partner, Freunde hier und da, die es Ihnen nicht übel nehmen, dass Sie sich monatelang nicht melden, und sich dann auch noch freuen, wenn Sie unangemeldet vor der Tür stehen – das ist Ihre Idealvorstellung von Beziehung. Ihr schlimmstes Reizwort: Verantwortung. Vielmehr ist Kreativität der Schlüssel zu Ihrem Leben. Allem, was Sie an einen Ort bindet, und jedem Menschen, der von Ihnen mehr verlangt als punktuelle Zuwendung, begegnen Sie mit großer Skepsis, denn Sie fürchten, dass dies Ihren freien Geist und Ihre Schöpfernatur negativ beeinflusst.

Das bringt der Unverbindliche in die Beziehung ein

Es macht Ihnen vordergründig nichts aus, dass Beziehungen mit Ihnen keine große Haltbarkeit aufweisen. Sobald es Ihnen zu eng wird, erzeugen Sie rasch das nötige Chaos, um eine Bindung wieder zu lösen. Genau das ist vielleicht sogar Ihre Stärke: Sie geben sich nicht mit dem Status quo zufrieden, sondern achten darauf, dass die Zukunft der Beziehung zu jedem Zeitpunkt offen ist. Auf diese Weise gewähren Sie sich und Ihrem Partner den maximalen Freiraum, sich in der Zweisamkeit selbst zu verwirklichen. Sie sind nicht nur kreativ, sondern wollen Ihre Ideen anderen auch verständlich machen. Indem Sie sich mitteilen, haben Sie das Gefühl, Ihr inneres Potenzial ungehindert entfalten zu können. Sie schaffen es mit Leichtigkeit, den Dingen auf den Grund zu gehen. So können Sie helfen, Probleme zu lösen, indem Sie

zum Verständnis der Situation beitragen – und durch Ihre lockere Art andere dazu motivieren, nicht immer alles so ernst zu nehmen.
Ihre große Stärke ist die Kommunikation: Sie sind der geborene Vermittler, der es versteht, Brücken zu bauen zwischen Menschen. Das kommt einer Beziehung natürlich zugute, denn mit Ihnen findet sich immer ein Weg. Zudem kommt mit Ihnen Vielfalt und Farbe in die Partnerschaft, denn Ihr Interesse an allen Dingen, die das Leben spannender machen, ist unerschöpflich. Aus Ihnen entspringt so manche Idee, welche die Zweisamkeit bereichert und belebt.

Das braucht der Unverbindliche in der Beziehung

Manchmal hat aber auch der Unverbindliche genug davon, ohne Ziel und Plan durch die Welt zu vagabundieren. Einsamkeit macht auch Ihnen zu schaffen, und Mutlosigkeit und Niedergeschlagenheit steigen in Ihnen auf. Dann verlieren Sie die Lust, sich am Leben zu beteiligen. Da ist es wichtig, dass Sie in einer Beziehung einen Menschen an der Seite haben, der Ihnen Ihren Platz in der Gemeinschaft zeigen kann und Ihnen das Gefühl vermittelt, gebraucht zu werden. Zugleich hilft es Ihnen, wenn Ihr Partner Sie dabei unterstützt, gegen das Chaos vorzugehen, das Sie auf Schritt und Tritt zu begleiten scheint, sobald Sie einmal den Boden unter den Füßen verloren haben. Auch wenn Sie nicht müde werden zu sagen »Halt mich nicht fest«, brauchen Sie das Gefühl, nicht allein auf der Welt zu sein, sondern in der Gemeinschaft Ihrer Beziehung einen Zufluchtsort zu haben, der Sie stabilisiert und motiviert – und zu dem Sie immer wieder gern zurückkehren.
Wenn Sie als Unverbindlicher diese idealen Bedingungen in einer Beziehung vorfinden, können Sie etwas Erstaunliches an sich feststellen: Sobald Ihr Partner Ihnen die Freiheit gibt, sich jederzeit wohin auch immer zu bewegen, verlieren Sie den Drang, dies auf Teufel komm raus auszukosten. Im Gegenteil: Sie werden erstaunlich sesshaft und lassen sich in einem Maße auf einen anderen Menschen ein, das Sie nie für möglich gehalten hätten.
Es ist die Möglichkeit, sein Leben genau so zu leben, wie er es sich wünscht, die den Unverbindlichen in einer Beziehung hält. Wer ihm diese Möglichkeit gibt, wird einen treuen Lebensgefährten in ihm gewinnen.

Eine Beziehung leben

Wenn zwei Menschen beschließen, das Leben miteinander zu teilen, dann bedeutet dies neue Möglichkeiten, aber auch Herausforderungen. Die fünf Elemente des Feng Shui bringen Klarheit und zeigen, worauf es in jeder einzelnen Phase einer Partnerschaft ankommt.

Wo stehe ich? Die Phasen der Liebe

Nach den Vorstellungen des Feng Shui durchläuft jede Beziehung fünf Phasen, die den fünf chinesischen Elementen entsprechen. Dabei betont jede Phase einen anderen Schwerpunkt der Beziehung und stellt die Partner vor neue Herausforderungen. Es ist wie ein Fahrplan ins Glück, der uns an verschiedenen Stationen der Liebe vorbeiführt.

Die fünf Elemente

Die Lehre von den fünf Elementen, der *Wu Xing,* nimmt im Feng Shui eine zentrale Stellung ein. Wer sich mit ihrem Wesen und ihrer wechselseitigen Dynamik auseinandersetzt und sie versteht, der hat den Schlüssel zu gutem Feng Shui in allen Lebensräumen in der Hand.
Das Wesentliche an den *Wu Xing* ist ihre ununterbrochene Wandlung. Jede Phase geht unweigerlich in die nächste über und erzeugt diese.

- **Holz – Kraft des Aufbruchs:** Holz sorgt für Flexibilität, gepaart mit Stabilität – so wie sich die Äste und Zweige eines Baumes im Wind biegen, ohne zu brechen. Es verleiht Tatendrang und neue Ideen. Es macht uns optimistisch und gibt Mut zur Veränderung.
- **Feuer – Kraft der Transformation:** Feuer steht für die Ausstrahlung von Licht und Wärme. Es ist von heiterer und lebhafter Natur und verkörpert Enthusiasmus ebenso wie die Hingabe an andere – so wie Feuer Helligkeit und Hitze spendet. Es verleiht uns Willens- und Durchsetzungskraft und Selbstbewusstsein und hilft uns, für andere ein Vorbild durch unsere Taten zu sein.
- **Erde – Kraft der Ruhe:** Erde bringt Ruhe und Gelassenheit ins Spiel. Richtig angewandt, verhilft dieses Element zu Geduld und Vertrauen. Es macht zuverlässig und beständig und stabilisiert.
- **Metall – Kraft der Vollendung:** Metall steht für Vollendung und die Kraft der Objektivität. Es macht entschlossen und verschafft Klarheit. Es verhilft uns zu mehr Konzentration und größerer Disziplin.
- **Wasser – Kraft der Tiefe:** Wasser bringt Erkenntnis und Innenschau. Es kann dabei helfen, loszulassen und sich selbst zurückzunehmen. Es löst Blockaden in der Kommunikation durch Einsicht und Verständnis.

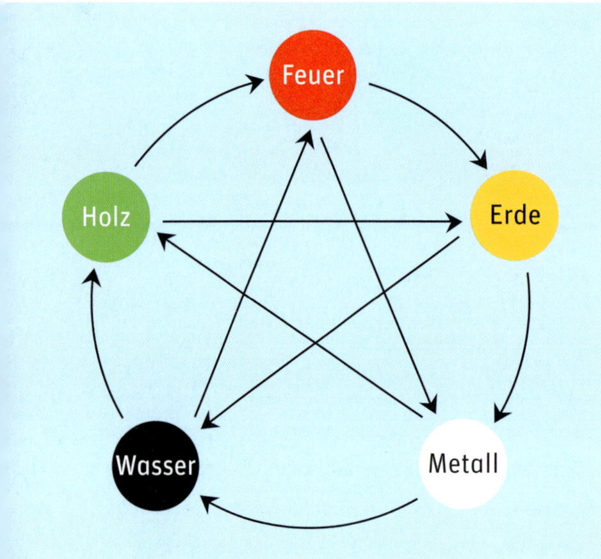

Die fünf Phasen einer Beziehung

Mit dem Zyklus der fünf Elemente können wir jeden lebendigen Prozess beschreiben – auch die Phasen der Entwicklung einer Beziehung. Es kann nützlich sein, sich zu vergegenwärtigen, in welcher Phase Sie sich gerade befinden. Wenn Sie spüren, dass in Ihrer Partnerschaft etwas aus dem Lot geraten ist, dann kann Ihnen die Position der Beziehung im Kreis der Elemente helfen, sich darüber klar zu werden, was Sie gerade brauchen. Der Zyklus der fünf Elemente beschreibt die natürliche Entwicklung einer Beziehung – von ihren Anfängen bis hin zu Trennung, wobei Trennung eher das Erreichen einer nächsten Stufe bedeutet, aber auch die Möglichkeit enthält, die Partnerschaft zu beenden. Wenn die Energie zwischen beiden Partnern harmonisch fließt, ergibt sich eine Phase aus der anderen. Nichts muss erzwungen werden, alles geschieht von selbst.

Manchmal aber haben wir Angst davor, die nächste Phase zuzulassen, denn das bedeutet immer auch, gewohntes Terrain zu verlassen und Neuland zu betreten. Dann laufen wir Gefahr, einen Zustand einfrieren zu wollen. Manche Paare wollen auf immer und ewig verliebt sein, aber keine Verantwortung füreinander übernehmen. Andere wiederum wollen sich nicht voneinander lösen, weil sie Angst haben, sich zu verlieren. Dann blockieren wir den natürlichen Fluss der Beziehung – und das kostet viel Energie. Der Preis, den wir dafür zahlen müssen, ist hoch: Er geht zu Lasten der Liebe in der Beziehung, denn diese kann nicht reifen. Auf Dauer wird die Liebe zwischen zwei Menschen, die sich der Entwicklung ihrer Beziehung entgegenstellen, nicht mehr das Fundament des Miteinander sein, sondern durch Gewohnheiten, Machtspiele, Verlustängste und Besitzdenken ersetzt werden.

Phase 1 – Holz: Die Beziehung beginnt

Sie erinnern sich bestimmt: Am Anfang einer Beziehung haben Sie Schmetterlinge im Bauch, alles an Ihrem Partner ist liebenswert. Die Tage vergehen wie im Flug, alltägliche Sorgen scheinen unbedeutend. Manche von uns tun im Zustand der Verliebtheit Dinge, die sie noch nie getan haben – einfach, weil sie sich beflügelt fühlen und in sich die Kraft der Liebe spüren. Die Zukunft ist offen, alles scheint möglich.

Die Chancen der Holz-Phase …

Was wir in dieser Phase besonders spüren, ist die Freude an der Entdeckung des anderen. Wir sind neugierig darauf, unseren neuen Partner kennenzulernen, jede Facette seiner Persönlichkeit zu erfahren. Eine Beziehung, die gerade beginnt, lebt von der Vision, dass mehr daraus werden kann. Wahrscheinlich sind wir zu keinem Zeitpunkt einer Beziehung so bereit, uns selbst für diese Vision zu verändern. Menschen, die verliebt sind, verändern sich sichtlich: Sie strahlen Zuversicht aus und scheinen überall Lösungen zu sehen statt Probleme.

Für viele ist diese Phase ein Rausch der Sinne – ein Zustand, der am besten nie vorübergehen sollte.

In dieser Phase hinterfragen wir häufig unsere bestehenden Lebensumstände. Arbeit, Familie, Freunde – alles wird in einem neuen Licht gesehen, und nicht selten treffen wir Entscheidungen, die schon lange fällig waren, auf einmal ganz mühelos. Wo wir uns zuvor unsicher waren, können wir auf einmal anpacken und etwas auf den Weg bringen.

… und ihre Herausforderungen

Wenn die Holz-Phase zu lange anhält, kann es passieren, dass wir Entscheidungen nur noch aus dem Bauch heraus treffen und uns zu spontanen Entschlüssen verleiten lassen, die wir später bereuen. Verliebt, wie wir sind, verlieren wir jedes Maß und verpulvern unsere Ressourcen, geben das Geld mit vollen Händen aus und leben nur noch im Hier und Jetzt. Doch wenn wir all unsere Energie in diesen berauschenden Zustand stecken, werden wir eines Morgens aufwachen – und er ist verflogen. Was dann übrig bleibt, ist der Katzenjammer, weil wir uns verausgabt haben.

Der Networker und die Holz-Phase

Besonders anfällig für diese Phase ist der Networker. Ihm fällt es besonders leicht, sich zu verlieben, weil er schnell in Kontakt mit anderen Menschen kommt. Wenn es aber verbindlich werden soll, bekommt er Schwierigkeiten, weil er sich in seiner Bewegungsfreiheit eingeschränkt fühlt. Dann neigt er dazu, jede weitere Tiefe zu vermeiden. Für ihn ist es wichtig, schon sehr früh gemeinsame Ziele zu formulieren, damit die Energie des Verliebtseins Gestalt bekommt.

Der Egoist und die Holz-Phase

Der Egoist fühlt sich in dieser Phase besonders wohl, weil er sich von seiner besten Seite zeigen kann. Doch neigt er dazu, daraus eine One-Man-Show zu machen – und das führt nicht selten dazu, dass das Liebesglück nur von kurzer Dauer ist. Er sollte sich darauf besinnen, jede neue Liebe als eine Chance zu betrachten, neue Verhaltensweisen auszuprobieren – und alte Rollen in Frage zu stellen.

Der Klammerer und die Holz-Phase

Der Klammerer kann gar nicht abwarten, bis diese Phase endlich vorüber ist, denn er weiß: verliebt zu sein, heißt noch lange nicht, dass die Beziehung auch Bestand haben wird. Doch genau das ist sein innigster Wunsch. Bevor sich das Gegenüber versieht, schmiedet er schon Pläne für die Hochzeit und das gemeinsame Häuschen im Grünen. Da verwundert es nicht, dass sich die derart Bedrängten dann häufig entschließen, das Ganze zu beenden, noch ehe es richtig begonnen hat. Der Klammerer muss lernen, sich für die Verliebtheit Zeit zu nehmen. Für keinen anderen gilt so sehr der Spruch: »Drum prüfe, wer sich ewig bindet.«

Der aufopfernde Typ und die Holz-Phase

Der Aufopfernde steht der Phase der Verliebtheit eher skeptisch gegenüber. Da für ihn gilt »Ganz oder gar nicht«, fällt es ihm schwer, sich unbefangen auf ein Gegenüber einzulassen. Jeder Anwärter auf eine Beziehung muss sich zahllosen Tests unterziehen, bevor er oder sie als würdig empfunden wird. Immerhin: Der Aufopfernde meint es stets ehrlich, auch wenn er mit seiner brüskierenden Offenheit so manchen in die Flucht schlägt. Die Chancen überhaupt jemanden zu finden, der den eigenen hohen Ansprüchen genügt, wären deutlich größer, wenn der Aufopfernde lernen würde, sich einfach mal fallenzulassen – ohne wissen zu müssen, wie es ausgeht.

Der Unverbindliche und die Holz-Phase

Der Unverbindliche liebt es, verliebt zu sein – aber auch nicht mehr. Sobald weitergehende Ansprüche angemeldet werden, sehen wir ihn von hinten. Wenn der Unverbindliche eine Beziehung aufbauen möchte, dann muss er schon in dieser Phase über seinen Schatten springen – und zu sich und seiner Liebe stehen. Kommunikation ist sehr wichtig: er sollte schon früh beginnen, dem oder der anderen zu verstehen zu geben, wie wichtig ihm seine Freiheit ist. Der Unverbindliche sollte sich selbst prüfen, ob er bereit ist, sein Leben mit einem anderen zu teilen. Wenn er die Liebe langsam in sich heranwachsen lässt, verliert sie den spontanen Schrecken, den sie bei ihm auslösen kann.

Listmaking:

Wenn Sie sich gerade in der Holz-Phase befinden …

Welche Wünsche und Hoffnungen haben Sie?

Was gibt Ihnen gerade in dieser Phase Kraft? Worüber freuen Sie sich besonders?

Was lernen Sie über sich selbst? Welche Aufgabe/ Herausforderung hält diese Phase für Sie bereit?

Was können Sie tun, damit Ihre Beziehung gestärkt aus dieser Phase hervorgeht?

Tipp:
In der Holzphase beginnt die Beziehung: Wir sind verliebt und sehen die Welt mit neuen Augen.

Phase 2 – Feuer: Die Beziehung lebt auf

Die Entscheidung ist gefallen. Spätestens jetzt werden sich die neuen Partner als Paar bezeichnen. Nach der Phase der Verliebtheit beginnen sie sich nach etwas anderem umzusehen. Man hat sich kennengelernt, Stärken und Schwächen ausgelotet und sucht nun nach dem, was der Partnerschaft über das Verliebtsein hinaus einen Sinn geben kann. War in der Holz-Phase Leidenschaft noch punktuell und spontan, haben die beiden Partner nun ihren Rhythmus gefunden und können sich besser aufeinander einstellen. Ängste und Unsicherheiten dem anderen gegenüber sind verflogen – aber auch das Gefühl, sich auf ein großes und aufregendes Abenteuer eingelassen zu haben. Zwar ist man noch weit davon entfernt, ein geregeltes Miteinander zu führen, doch ist alles darauf ausgerichtet, das Leben miteinander zu teilen.

Die Chancen der Feuer-Phase ...

Viele Paare beschließen in der Feuer-Phase zusammenzuziehen und beginnen langsam, den Alltag aufeinander abzustimmen. Das Feuer der Leidenschaft brennt nun beständiger, und wir fühlen uns beim anderen auf eine selbstverständliche Art und Weise aufgehoben. Die Gefühle füreinander werden intensiver, und für nicht wenige ist dies die Phase, in der die Sexualität eine neue Dimension erreicht, weil sie von tiefen Emotionen getragen wird.

... und ihre Herausforderungen

Häufig finden wir in dieser Phase Machtkämpfe und das Streben nach Dominanz. Denn jetzt geht es auch darum, gemeinsame Ziele zu verwirklichen und zu leben. Jetzt werden die Unterschiede zwischen den Partnern besonders deutlich. Glaubte man in der Holz-Phase noch, dass die Gemeinsamkeiten überwiegen und war man gewillt, die meisten Schwächen einfach zu ignorieren – wenn man sie überhaupt gesehen hat –, treten nun die Besonderheiten der Partner ans Licht und müssen Platz finden im Beziehungsalltag. So manche Beziehung ist an diesem Punkt gescheitert, weil keiner der beiden Partner bereit war, seinen Standpunkt aufzugeben und im Zweifelsfalle auf seine althergebrachten Gewohnheiten zu verzichten. Diese Phase bringt auf der einen Seite also tiefe Gefühle und echte Leidenschaft mit sich, doch sie verlangt auch die konstruktive Auseinandersetzung und das partnerschaftliche Bemühen um eine gemeinsame Zukunft.

Der Networker und die Feuer-Phase

Für den Networker erscheint diese Phase zunächst wie ein Kinderspiel. Dank seiner Kreativität und seinem ausgeprägten Wunsch nach Kommunikation kann er der Beziehung wichtige Impulse geben und ist ein Quell der Inspiration. Was ihm hingegen schwerfällt, ist sich für ein Ziel zu entscheiden. Sobald eine Marschrichtung eingeschlagen wird, ist der Networker auch schon wieder bereit, diese zu hinterfragen und Alternativen zu entwickeln. Das bringt ihm den Ruf ein, sich nicht festlegen zu wollen. Heute will er einen gemeinsamen Hausstand gründen, morgen fallen ihm tausend Gründe ein, warum das besser noch verschoben werden sollte. Er muss sich darin üben, zu seinen Aussagen zu stehen und Vereinbarungen einzuhalten. Dies fällt am leichtesten, wenn er nicht spontan auf jedes Boot springt, sondern sich vor Entscheidungen wirklich Zeit nimmt und sich überlegt, ob er das, was er verspricht, auch wirklich halten kann – und will.

Der Egoist und die Feuer-Phase

Der Egoist mit seinem ausgeprägten Bezug zum Körperlichen ist in der Feuer-Phase ganz in seinem Element. Sex und Leidenschaft gehören für ihn einfach dazu, und in dieser Phase kann er beides in vollen Zügen genießen. Doch auch seine Schattenseiten kommen in dieser Phase besonders deutlich hervor: seine Tendenz, andere dominieren zu wollen, und sie vor die Wahl zu stellen – entweder wir machen es so, wie ich es will, oder gar nicht. Gerade dieses Machtgebaren ist oft der Grund dafür, dass Egoisten über die Feuer-Phase ihrer Beziehung nicht hinauskommen. Aber selbst wenn sein Partner zur Überraschung des Egoisten die Herausforderung annimmt, wird es eng für ihn. Denn nun sieht er sich mit Gegenwind konfrontiert, eine Situation, die ihm gar nicht behagt. Möglicherweise verletzt ihn das sogar so sehr in seinem Stolz, dass er die Beziehung von sich aus beendet.

Will der Egoist über die Feuer-Phase hinauskommen, muss er lernen, mehr auf die Bedürfnisse des anderen einzugehen – und Kompromisse zu schließen.

Das bedeutet aber nicht, dass er dem anderen kampflos das Feld überlassen muss. Es bedeutet, dem Partner auf Augenhöhe zu begegnen und sich in eine Haltung des Gebens und Nehmens zu begeben.

Der Klammerer und die Feuer-Phase

Der Klammerer hat in dieser Phase endlich das Gefühl, seinem Ziel einen Schritt nähergekommen zu sein, doch noch hat er seine Schäfchen nicht im Trockenen. Die Intensität der Gefühle in der Feuer-Phase verunsichert ihn zuweilen. Auseinandersetzungen wird er vermeiden. Lieber lässt er sich dominieren, als die Beziehung zu gefährden.

Doch seine Ziele verliert er trotzdem nicht aus den Augen. Unmerklich erhöht er den Druck auf den anderen, indem er z. B. ungefragt Realitäten schafft: Da wird schon mal eine gemeinsame Wohnung gemietet und als freudige Überraschung garniert. Nicht immer führt diese Taktik jedoch zum Erfolg, und nicht selten zerbrechen schon an dieser Stelle alle Träume des Klammerers. Die Lernaufgabe des Klammer-Typs in dieser Beziehungsphase ist klar: die Freiheit des anderen zu respektieren und ehrlich miteinander umzugehen.

Der aufopfernde Typ und die Feuer-Phase

Der aufopfernde Typ fühlt sich in dieser Phase der Beziehung eher unbehaglich. Da ihm im Grunde schon längst klar ist, wie die optimale Rollenverteilung in der Beziehung auszusehen hat, hält er das Finden eines gemeinsamen Rhythmus für reine Zeitverschwendung. Gern verfährt er dann nach dem Motto: Entweder es läuft so, wie ich es will – oder es läuft gar nicht! Und im Gegensatz zum Egoisten, meint der Aufopfernde das, was er sagt. Bevor es zu Enttäuschungen kommen kann, hat er die Beziehung schon zu den Akten gelegt, auch wenn es ihn noch so schmerzt. Welche Wahl hat er? Entweder, er wartet so lange, bis der perfekte Partner auftaucht – was eher unwahrscheinlich ist –, oder er ist bereit, sich in dieser Beziehungsphase wirklich von der Gegenwart des anderen berühren und verändern zu lassen. Zu keinem anderen Zeitpunkt kann der Aufopfernde so viel gewinnen wie in der Feuer-Phase – wenn er über seinen Schatten springt.

Der Unverbindliche und die Feuer-Phase

Der Unverbindliche fühlt sich in der Feuer-Phase eher geschwächt. Für ihn ist Leidenschaft das, was Leiden schafft. Und seine größte Sorge ist, seine Freiheit zu verlieren. Gemeinsame Ziele entwickeln – ein rotes Tuch für ihn. Vielleicht gibt er dem Gegenüber immer wieder das Gefühl, nicht gebraucht zu werden, und anstatt sich voll und ganz auf den anderen einzulassen, hält er sich gern mehrere Beziehungen warm. Wir hören ihn dann sagen, dass man ihm seine Freiheiten lassen muss und ihn nicht einengen darf, wenn man mit ihm zusammen sein möchte. Was nichts anderes bedeutet als »Wasch' mich, aber mach mich nicht nass«, denn eine Beziehung einzugehen bedeutet immer auch ein Stück weit Verzicht auf Freiheit. Hier muss der Unverbindliche sich einen Ruck geben, wenn er nicht will, dass Beziehungen nach einem aussichtsreichen Start an dieser Stelle wieder verlöschen. Er muss sich selbst fragen, was er wirklich will: Partnerschaft oder den unverbindlichen Flirt.

Listmaking:

Wenn Sie sich gerade in der Feuer-Phase befinden ...

Welche Wünsche und Hoffnungen haben Sie?

Tipp:

In der Feuerphase wird aus Verliebtheit Leidenschaft: die Beziehung stabilisiert sich.

Was gibt Ihnen gerade in dieser Phase Kraft? Worüber freuen Sie sich besonders?

Was lernen Sie über sich selbst? Welche Aufgabe/Herausforderung hält diese Phase für Sie bereit?

Was können Sie tun, damit Ihre Beziehung gestärkt aus dieser Phase hervorgeht?

Phase 3 – Erde: Die Beziehung festigt sich

Kein Ziel in einer Partnerschaft kann lange bestehen, wenn nicht das nötige Fundament vorhanden ist – und das wird in der Erde-Phase der Beziehung gelegt. Kein anderes Element wird von uns so sehr mit dem Thema Beziehung in Verbindung gebracht wie Erde, denn hier geht es um das, was sich im Grunde seines Herzens jeder von der Liebe erwartet: Vertrauen, Geborgenheit, Angekommensein.

Die Chancen der Erde-Phase …

Die Beziehung kühlt nach außen hin scheinbar ab, doch nur weil Lust und Leidenschaft nicht mehr im Vordergrund stehen, sondern ein inniges Band zwischen den Partnern entstanden ist, das auf der Gemeinschaft beider beruht. Konnte es in der Feuer-Phase noch zu Machtkämpfen kommen, entsteht nun auf der Basis der gemeinsamen ersten Erfahrungen etwas Unerschütterliches, das sich nicht beeinflussen lässt von Streitigkeiten um Äußerliches. Da man sich nun kennt, kann man sich vertrauen. Die Persönlichkeit des anderen wird nicht mehr als Bedrohung wahrgenommen, sondern als Bereicherung des eigenen Lebens. Sie tritt immer mehr in den Hintergrund und gibt den Raum frei für das gemeinsame Leben. Geduld und Vertrauen kennzeichnen die Erde-Phase einer Beziehung. In ihr finden Paare oft zum ersten Mal Ruhe, sich aufeinander zu besinnen und sich als echte Einheit zu empfinden.

… und ihre Herausforderungen

Die Erde-Phase ist zwar von einem ausgesprochenen Wunsch nach Verständnis geprägt, doch birgt sie auch die Gefahr, zu früh und zu schnell jede Individualität aufzugeben. Deutliches Kennzeichen ist die Abgrenzung der Partnerschaft von anderen Beziehungen wie Freundschaften oder Familie. Wenn sich ein Paar zu sehr der Erde-Energie hingibt, beginnen sie, sich abzuschotten. Die Partnerschaft wird zur Käseglocke, die jeden Einfluss von außen abwehrt. Einige geben in dieser Phase alles auf, was sie zuvor noch als ganz besonders wichtig für sich empfunden haben – persönliche Ziele, Werte und Visionen. Damit aber nehmen sich Paare die Möglichkeit, weiterhin ein Quell der Inspiration füreinander zu sein. Wenn beide zu früh aufgeben, was sie unterscheidet und in früheren Phasen interessant gemacht hat, endet die Beziehung in der Kuschelkiste – und verliert auf Dauer ihren Reiz, nach dem Motto: »Wir lieben uns, aber langweilen uns dabei zu Tode.«

Der Networker und die Erde-Phase

Für den Networker ist diese Phase der Beziehung eine echte Herausforderung. Wenn er merkt, dass es ernst wird, wird er alles tun, um nicht das Gefühl zu haben, den letzten Rest an Freiheit zu verlieren. Doch genau damit tut er der Beziehung in dieser Phase oft einen großen Gefallen: seine Unruhe und seine Neugier verschaffen der Beziehung die nötige Beweglichkeit, um nicht einzuschlafen. Davon profitieren können Paare aber nur, wenn der Networker seine Fähigkeiten auf der gemeinsamen Basis ihrer Beziehung zur Verfügung stellt und nicht wieder seiner eigenen Wege geht. Alles, nur keine Alleingänge! Vielleicht werden wir den Networker erleben, wie er anfängt, Freunde einzuladen, Dinnerpartys auszurichten, gemeinsam mit dem Partner um die Häuser zu ziehen – kurz: Wie er beginnt, die Partnerschaft nach außen zu öffnen. Er kann dann, entgegen seiner vorangegangenen Befürchtungen, erleben, wie die Beziehung seine Lebensqualität verbessert und seine Möglichkeiten vermehrt.

Der Egoist und die Erde-Phase

Der Egoist wird in der Phase der Erde eine interessante Entdeckung machen: Es geht in der Partnerschaft nicht darum, dass einer über den anderen triumphiert, sondern darum, dass beide gewinnen! Er kann nun erfahren, wie gut es tut, wenn die eigenen Bedürfnisse sich wie von selbst und ohne Anstrengung erfüllen, einfach weil der andere einem Geduld und Vertrauen entgegenbringt. Es ist eine andere Form von Selbstbewusstsein, das sich in dieser Phase einstellt. Eines, das sich aus der Tatsache speist, eine unerschütterliche Einheit zu bilden. Viele Egoisten leben in dieser Phase richtig auf. Stillstand ist nicht zu befürchten – wenn der Egoist sich nicht in einen Pascha verwandelt, sondern sich seinen eigenen Zielen treu bleibt. Natürlich liebäugelt er mit der kuscheligen Zweisamkeit und genießt es, dass er einmal nicht um Anerkennung kämpfen muss. Doch genau das ist der Haken: Das Selbstbewusstsein des Egoisten braucht hin und wieder Herausforderungen. Er sollte sich gemeinsam mit dem Partner also immer wieder ins Abenteuer stürzen. Vielleicht gründen sie zusammen eine Firma oder wandern gemeinsam nach Australien aus – jedes Wagnis ist recht. Und die Aussichten auf Erfolg stehen gut, denn wenn Liebe und Vertrauen die Basis sind, wer könnte ihn dann aufhalten?

Der Klammerer und die Erde-Phase

Der Klammerer atmet auf: endlich hat er das erreicht, wovon er schon die ganze Zeit geträumt hat. In der Erde-Phase fühlt er sich ganz zu Hause, denn hier kann er das spüren, worauf es ihm die ganze Zeit ankam: Sicherheit und Geborgenheit – und das möchte er am liebsten nicht mehr loslassen. Kein Wunder also, wenn er der Hauptkandidat für die Schattenseiten der Erde-Phase ist: Er läuft Gefahr, die Beziehung systematisch in den Stillstand zu treiben, indem er jeden Anflug von Veränderung unterbindet. Um sich in jeder Sekunde sicher sein zu können, dass sich die Liebe nie verabschieden wird, verlangt er ununterbrochen Liebesbekundungen. Gern nimmt er seinem Partner alles ab und umsorgt ihn – nur damit dieser nicht auf eigene Gedanken kommt. Und sollte der andere doch mal einen eigenen Willen an den Tag legen, dann versteht er es perfekt, ihm das Gefühl zu geben, die Bemühungen des Klammerers nicht ausreichend zu würdigen. Dieses Spiel kann lange gutgehen – bis der Partner entdeckt, dass es noch ein Leben außerhalb der Partnerschaft gibt. Der Klammerer ist also gut beraten, wenn er die Erde-Phase nicht als Ziel, sondern als Station der Beziehung sieht. Zusammenhalt und Geborgenheit gehen nämlich nicht verloren, wenn echtes Vertrauen die Grundlage der Bemühung bildet – und der Wunsch, sich gemeinsam weiterzuentwickeln.

Der aufopfernde Typ und die Erde-Phase

Der aufopfernde Typ beginnt erst in dieser Phase, sich wirklich mit dem Gedanken anzufreunden, in einer Beziehung zu sein. Die Erde-Phase versorgt ihn mit der Gewissheit, die richtige Wahl getroffen zu haben. Die Klarheit und die Hingabefähigkeit des Aufopfernden bereitet der Liebe in dieser Phase einen guten Boden. Da es ihm sehr ernst ist mit der gemeinsamen Zukunft, ist er auch bereit, alles zu tun, damit diese Liebe erhalten bleibt. Seine Strategie: Pläne schmieden, damit gleich alles in den gewünschten Bahnen verläuft. Da möchte man ihm manchmal zurufen, er solle sich doch erst einmal entspannen. Seine Lernaufgabe: Fuß vom Gas und die Landschaft genießen. Je intensiver er sich auf die Erde-Phase einlässt, umso stabiler wird das Haus der Beziehung. Alles Weitere ergibt sich (fast) ganz von selbst.

Der Unverbindliche und die Erde-Phase

Der Unverbindliche hat seine Schwierigkeiten mit dieser Phase, denn ihm fällt es am schwersten, wirklich zu Ruhe zu kommen. Auch ein gemeinsames Ziel nützt ihm nichts, denn das leistet nur seiner Furcht Vorschub, vereinnahmt zu werden oder für irgendetwas Verantwortung übernehmen zu müssen. Doch natürlich spürt auch er, wie gut es tut, wenn man einem Menschen blind vertrauen kann. Die wichtigste Empfehlung für den Unverbindlichen kann daher nur lauten: sich gehenlassen! Er braucht im Grunde nichts anderes zu tun als das, was er ohnehin am besten kann: sich nicht sorgen, sondern einfach leben! Wenn er merkt, dass wahre Liebe keine Bedingungen an ihn stellt, wird er die Erd-Phase als eine unglaubliche Bereicherung seines Lebens empfinden.

Listmaking:

Wenn Sie sich gerade in der Erde-Phase befinden …

Welche Wünsche und Hoffnungen haben Sie?

Was gibt Ihnen gerade in dieser Phase Kraft? Worüber freuen Sie sich besonders?

Was lernen Sie über sich selbst? Welche Aufgabe/ Herausforderung hält diese Phase für Sie bereit?

Was können Sie tun, damit Ihre Beziehung gestärkt aus dieser Phase hervorgeht?

Tipp:
In der Erd-Phase erfahren wir das Miteinander unserer Beziehung als stabiles Fundament unseres Lebens.

Phase 4 – Metall: Die Beziehung ordnet sich

Die Erde-Phase ist nur die Vorbereitung auf die Metall-Phase der Beziehung. Nachdem das Fundament steht, muss nun ein Haus gebaut werden. Wenn dieses Haus Wind und Wetter standhalten soll, dann muss es sorgfältig und nach allen Regeln der Kunst gebaut werden. Dazu bedarf es klarer Strukturen und Vereinbarungen.

Die Chancen der Metall-Phase …

Viele Menschen glauben, mit der Erde-Phase sei alles erreicht, was eine glückliche Beziehung ausmacht – bis sie in die Metall-Phase eintreten und merken, dass es ebenso wichtig ist, den Alltag gemeinsam zu gestalten und zu ordnen. Liebe basiert auf Gemeinsamkeit, aber auch auf dem Respekt vor dem Anderssein des anderen. Wenn wir beides verbinden wollen, müssen wir beidem Raum in unserem Haus der Beziehung geben. Es muss Bereiche geben, in denen wir ganz wir selbst sein dürfen, und es muss Bereiche geben, in denen wir uns als Paar begegnen können, um unsere Partnerschaft als Quelle der Kraft zu erleben. In der Metall-Phase entwerfen wir die Architektur unserer Beziehung und beginnen sie zu verwirklichen. Wohin soll es gemeinsam gehen? Wohin wird sich die Beziehung entwickeln? Was kann jeder Einzelne dazu beitragen, dass dies auch gelingt? Auf welche Stärken können wir uns verlassen? Aber auch: Was braucht jeder Einzelne, damit die Beziehung für ihn lebendig bleibt und das Haus nicht zu einem Gefängnis wird? Es gilt viele Fragen zu klären, und der beste Ort dafür ist der praktische Alltag. Denn eine Beziehung wird nicht auf dem Reißbrett geplant, sondern passt sich den wachsenden Anforderungen des Lebens organisch an. Jetzt zeigt sich, ob das Fundament der Erde-Phase stark genug ist, das Haus der Partnerschaft zu tragen. Dem anderen zu vertrauen und mit ihm Geduld zu haben, wenn es nicht auf Anhieb mit der Umsetzung der Beziehungsarchitektur klappt, ist wichtig, damit sich keiner der Partner unter Druck gesetzt fühlt – und sich am Ende in seinen Bedürfnissen nicht genügend wahrgenommen sieht.

… und ihre Herausforderungen

Die größte Gefahr in dieser Phase ist die Annahme, es gäbe ein bestimmtes Patentrezept für eine glückliche Beziehung. Gerade Familientraditionen stellen einen großen Einfluss dar, aber auch religiöse, gesellschaftliche und kulturelle Vorstellungen darüber, was richtig und was falsch ist. Jede Beziehung sollte in ihrer Einzigartigkeit das Werk der beiden Menschen sein, die sie aufbauen. Übergeordnete Ideen können einen wichtigen Beitrag zur Gestaltung der Beziehung leisten, aber sie sollten nicht vorschreiben, wie diese Beziehung am Ende auszusehen hat.

Der Networker und die Metall-Phase

Dem Networker fällt es anfänglich schwer, sich in dieser Phase wirklich heimisch zu fühlen. Für ihn sind die Planung und die Verwirklichung einer Sache zwei paar Stiefel. Gern steuert er seine Ideen bei, doch an der Umsetzung hat er wenig Freude. So finden wir ihn immer wieder in der Situation, dass er sich etwas fest für die Beziehung vornimmt, selbst ganz begeistert ist von seiner Idee – und am Ende der Erste ist, der sich nicht an getroffene Vereinbarungen hält. Konsequenz ist nicht gerade seine Stärke. Und genau deshalb ist diese Phase so wichtig für ihn, denn viel zu schnell redet er sich damit heraus, dass er eben so ist, wie er ist. In Wirklichkeit kann er jetzt lernen, seinen Worten Taten folgen zu lassen – und wie die Ordnung dieser Phase sein eigenes Leben sortiert und klärt.

Der Egoist und die Metall-Phase

Auch der Egoist hat zunächst Schwierigkeiten, sich auf den Bau eines gemeinsamen Hauses der Beziehung einzulassen – insbesondere mit dem Gedanken, dass dies von Beginn an ein Gemeinschaftsprojekt ist. Ihm wäre es am liebsten, er könnte erst einmal alles nach seinen Vorstellungen planen. Dann dürften die anderen ihre Meinung dazu kundtun – und es für ihn umsetzen. Ihm ist klar: Einer muss das Sagen haben, und das ist ohne Zweifel er selbst. Doch auch er wird eine erstaunliche Erfahrung machen, wenn er sich auf diese Phase der Beziehung aktiv einlässt. Was er gemeinsam mit seinem Partner hier erreicht, ist einzigartig und besonders. Diese Liebe veredelt alles, was beide Partner in der Beziehung beizutragen haben – auch die Stärken des Egoisten, die ganz klar in seiner Führungspersönlichkeit und seiner Durchsetzungskraft liegen. Nur bekommen sie jetzt einen Platz, an dem sie auf eine Weise wirken können, die nicht gegeneinandergerichtet ist, sondern auf ein gemeinsames Projekt.

Der Klammerer und die Metall-Phase

Für den Klammerer ist die Metall-Phase eine potenzielle Gefahr, denn sie bedeutet auch, sich von der wohligen Symbiose der Erde-Phase zu verabschieden und aktiv zu werden. Für ihn aber ist alles, was aus der Symbiose hinausführt, schon der erste Schritt in Richtung Trennung. Diese Angst muss er erst überwinden, bevor er in die Metall-Phase der Beziehung eintreten kann – spätestens dann, wenn Partnerschaft auch bedeutet, den Alltag zu regeln. Vielleicht gründen beide eine Familie, haben Kinder. Dann ist es schon vorbei mit der trauten Zweisamkeit, und andere Fähigkeiten müssen entwickelt werden, damit die Beziehung weiterbestehen kann. Oder der Partner fängt an, sich wieder auf seine ureigenen Interessen zu besinnen, und beschließt, dass es eine Alternative zum Kuschelkurs des Klammerers geben muss – Eifersucht und Besitzdenken sind vorprogrammiert. Hier merkt man, wie wichtig es ist, dass der Klammerer schon in der Erde-Phase gelernt hat, sich auf Veränderungen einzustellen und sie zuzulassen.

Der aufopfernde Typ und die Metall-Phase

Der aufopfernde Typ fühlt sich in dieser Phase der Beziehung in seinem Element. Nun werden die Rollen verteilt, und er kann sich ganz dem widmen, was ihm von Anfang an am Herzen lag: der Gemeinschaft. Doch genau deshalb wird diese Phase auch eine Herausforderung für ihn sein, denn auch wenn er von Anfang an ganz klare Vorstellungen davon hatte, welche Rolle jeder Einzelne in der Beziehung zu spielen habe, kann er sich nun vor die Situation gestellt sehen, dass sein Partner ganz andere Vorstellungen hat. In seinem Bedürfnis nach klaren Verhältnissen und seinem Wunsch nach Ordnung in der Gemeinschaft fällt es ihm jetzt schwer, Individualität zuzulassen. Doch genau dies verlangt die Metall-Phase – und zwar von allen Beteiligten, auch von ihm! Da er sich in der Rolle des Aufopfernden am wenigsten Freiheiten zugestehen würde, wenn es darum geht, zugunsten der gemeinsamen Beziehung zurückzustecken, muss er nun lernen, wie wichtig es ist, dass er sich seine eigenen Freiräume nimmt, um herauszufinden, was sein einzigartiger und unverwechselbarer Beitrag zu Beziehung sein kann. Er tut gut daran, sich in dieser Phase immer wieder daran zu erinnern, dass er nicht nur für die anderen da ist, sondern auch etwas Eigenes einbringen sollte.

Der Unverbindliche und die Metall-Phase

Auch der Unverbindliche muss sich erst an die Metall-Phase gewöhnen. Da er jedoch über eine hohe Anpassungsfähigkeit besitzt, kann er sich auf die Erfordernisse dieser Phase gut einstellen – vielleicht sogar zu gut, denn schnell fügt er sich in ein bestehendes System und versäumt so, einen eigenen Standpunkt einzubringen. Jetzt kann der Unverbindliche etwas Wichtiges für sich lernen: dass es in einer Beziehung auch darum geht, ein eigenes Profil zu entwickeln und dafür einzustehen. Engagement ist jetzt gefragt, und das kostet ihn einige Überwindung. Eine klare Rollenverteilung ist dabei hilfreich: Da er eine große Wandlungsfähigkeit besitzt, kann er vieles ausprobieren und so nach und nach einen Weg aus der Passivität finden. Gerade in dieser Phase der Beziehung wird er viele Erfahrungen sammeln können, die ihn auch persönlich weiterbringen.

Listmaking:

Wenn Sie sich gerade in der Metall-Phase befinden ...

Welche Wünsche und Hoffnungen haben Sie?

Tipp:
In der Metall-Phase entstehen aus dem Miteinander gemeinsame Vorstellungen und Zukunftspläne.

Was gibt Ihnen gerade in dieser Phase Kraft? Worüber freuen Sie sich besonders?

Was lernen Sie über sich selbst? Welche Aufgabe/Herausforderung hält diese Phase für Sie bereit?

Was können Sie tun, damit Ihre Beziehung gestärkt aus dieser Phase hervorgeht?

Phase 5 – Wasser: Die Beziehung löst sich

Jede Beziehung hat auch ein Ende – und die meisten Beziehungen haben mehrere! Es ist ein großer Irrtum zu glauben, dass die Lösung einer Beziehung gleichbedeutend sei mit Trennung. Vielmehr kann nach der Metall-Phase ein Zustand eintreten, in dem es möglich wird, eine neue Stufe der Beziehung zu erreichen.

Für manche Menschen ergibt sich die Schlussfolgerung, dass dies mit einem neuen Partner besser gelingen wird, andere aber beginnen den Zyklus der Beziehung mit demselben Menschen von vorne – und verlieben sich von neuem. Doch das alles setzt voraus, dass wir eine bestehende Beziehung auch gut lösen können. Was bedeutet das konkret?

Das Gute einer Beziehung bewahren

In der Wasser-Phase der Beziehung lösen wir uns voneinander – um entweder getrennte Wege zu gehen oder gemeinsam einen neuen Weg. Es ist sehr wichtig zu verstehen, dass Lösung nicht »Trennung für immer« bedeutet, so wie man landläufig annimmt. Viele Paare, die die Metall-Phase erreicht haben und dort am Aufbau einer gemeinsamen Beziehung gescheitert sind, glauben, dass nur eine radikale Lösung der Beziehung gut für sie sei. Das aber bedeutet, auch all die guten Momente, die schönen Augenblicke voller Kraft und Liebe zu entsorgen.

Wenn zwei Menschen sich trennen, dann ist es wichtig, dass sie das Gute der Beziehung – so gering es uns auch erscheinen mag – in ihrem Herzen weitertragen, und das, was nicht gut gelaufen ist, hinter sich lassen. Jeder Rest einer vergangenen Beziehung, den wir in unser künftiges Leben mitnehmen, wird zur Saat künftiger Beziehungen – im guten ebenso wie im schlechten Sinne. Wenn wir im Zorn auseinandergehen, wenn Misstrauen und Verletzung das Letzte sind, was wir mit einer Beziehung verbinden, haben wir auch schon den Grundstein für eine Fortsetzung von Misstrauen, Zorn und Verletzung gelegt. Wenn wir jedoch die positiven Momente im Herzen tragen und die Erinnerung an sie stärken, haben wir gute Chancen, mehr davon in unseren nächsten Beziehungen zu bekommen.

Der Weg in ein neues Leben

In der Wasser-Phase geht es genau darum: Beziehungen als eine Form der Wandlung zu verstehen, als Stufen zur Weiterentwicklung der eigenen Persönlichkeit. Wer jede Beziehung in sich als Lernaufgabe betrachtet und sie wie die Lektion in einem Schulbuch für sich abschließen kann, der hält sich bereit für das Neue und Positive in seinem Leben. Das mag nicht immer einfach sein, aber welche Alternative haben wir?

Was gewesen ist, können wir nicht ändern – auch nicht durch unseren endlosen Groll und dem Wunsch, Rache zu nehmen. Die beste Wahl, die wir treffen können, ist die, unser Leben auf der Vergangenheit aufzubauen, ohne die Vergangenheit zu wiederholen. Aus Erfahrungen zu lernen und uns auf neue Erfahrungen zu freuen.

Das Element Wasser löst alles auf und macht dadurch den Weg frei für ein neues Leben. Ob wir anschließend mit einem neuen Wegbegleiter wieder in die Holz-Phase eintreten oder mit dem gleichen, der uns schon zuvor begleitet hat, spielt keine Rolle.

Der Networker und die Wasser-Phase

Für den Networker ist das Lösen einer Beziehung so etwas wie der Startschuss für eine neue. Da es ihm leichtfällt, neue Kontakte zu knüpfen, wird er seinen Weg auch nicht lange allein gehen müssen. Er sollte jedoch darauf achten, die Wasser-Phase nicht zu schnell abzuschließen. Denn sie dient nicht nur dazu, den Weg für neue Erfahrungen freizumachen, sondern auch den bereits gemachten Erfahrungen ausreichende Würdigung zu schenken. Vor dem Aufbruch kommt der Abschied, und für diesen sollte der Networker sich Zeit nehmen. Vielleicht tut es ihm gut, eine Weile für sich zu sein und über das in der vergangenen Beziehung Erlebte zu reflektieren.

Der Egoist und die Wasser-Phase

Für den Egoisten ist es besonders wichtig, sich die guten Momente einer Beziehung bewusst zu machen. Gerade bei Trennungen, die nicht ganz glimpflich verlaufen, tendiert er dazu, die Beziehung als Ganzes abzuwerten und wie selbstverständlich die Schuld beim anderen zu sehen.

Um sich gut lösen zu können, sollte er sich überlegen: Was konnte ich in dieser Beziehung lernen? Vor welche Herausforderungen hat sie mich gestellt, und wie habe ich diese gemeistert? Und welche positiven Erinnerungen nehme ich mit?

Der Klammerer und die Wasser-Phase

Dem Klammerer wird es am schwersten von allen Typen fallen, sich konstruktiv aus einer Beziehung zu lösen. Für ihn ist es wichtig, sich in dieser Phase zu öffnen und den Austausch mit anderen zu suchen.

Er sollte in Bewegung bleiben, da er sonst ins Grübeln verfallen könnte. Vielleicht gibt er auch sich selbst die Schuld, und ein Gefühl des Versagens taucht auf. Wenn er sich in dieser Phase nicht zurückzieht und isoliert, sondern den Kontakt zur Umwelt sucht, kann er dieser Tendenz erfolgreich entgegenwirken. Im Kreis seiner Freunde findet er Trost und kann beginnen, die Trennung als Chance zu begreifen.

Listmaking:
Wenn Sie sich gerade in der Wasser-Phase befinden …

Welche Wünsche und Hoffnungen haben Sie?

Was gibt Ihnen gerade in dieser Phase Kraft? Worüber freuen Sie sich besonders?

Was lernen Sie über sich selbst? Welche Aufgabe/ Herausforderung hält diese Phase für Sie bereit?

Was können Sie tun, damit Ihre Beziehung gestärkt aus dieser Phase hervorgeht?

Tipp:
In der Wasser-Phase lösen sich Beziehungen auf – entweder für einen Neuanfang oder im Sinne einer Trennung.

Der aufopfernde Typ und die Wasser-Phase

Der aufopfernde Typ begegnet der Lösung seiner Beziehungen wahrscheinlich mit gemischten Gefühlen. Einerseits braucht er von Natur aus immer jemanden, um den er sich kümmern kann und für den er da sein kann – das wird er vermissen. Andererseits aber ist er vielleicht sogar erleichtert, weil er in dieser Phase wieder zu sich selbst finden kann. In der Wasser-Phase findet der Aufopfernde endlich Zeit und Ruhe, um sich selbst zu spüren – und diese Zeit sollte er sich unbedingt nehmen.

Der Unverbindliche und die Wasser-Phase

Der Unverbindliche hat naturgemäß die wenigsten Schwierigkeiten mit der Wasser-Phase. Da er in einer Beziehung ohnehin stets auf dem Sprung ist, fällt es ihm besonders leicht, bestehende Bande wieder zu lösen. Doch ganz so einfach sollte er es sich nicht machen. Auch er sollte sich fragen, was ihm die gemeinsame Zeit mit einem Menschen gebracht hat und was davon er in die nächste Beziehung mitnehmen möchte. Je klarer er das für sich formuliert, umso leichter wird es ihm fallen, dies als Kostbarkeit in seinen Erfahrungsschatz aufzunehmen.

Nehmen Sie sich also ausreichend Zeit, Ihre Beziehung wirklich abzuschließen. Werfen Sie dazu einen Blick zurück und fragen Sie sich: Welches waren die Augenblicke voller Kraft, Gemeinsamkeit und Liebe? Vielleicht finden Sie ja auch ein Symbol für all das Gute, das Ihnen in der Beziehung widerfahren ist, das Sie künftig bei sich tragen oder sorgfältig bei sich zu Hause aufbewahren können.

Was Sie jetzt für Ihre Beziehung tun können

Auch wenn die fünf Elemente in einem Zyklus angeordnet sind und es den Anschein hat, dass sich ihre Qualität nur nacheinander entfaltet, ist das, was wir aus diesen Phasen lernen, immer in uns präsent – nur manchmal spielt ein Element eine stärkere Rolle als die anderen.

Die fünf Elemente sind daher nicht nur nützlich, um die Dynamik in unseren Beziehungen zu verstehen, sondern auch um eine aktuelle Bestandsaufnahme zu machen: Wie geht es mir gerade in meiner Partnerschaft? Welche Bedüfnisse werden erfüllt, welche nicht? Was fehlt mir gerade? Und: Was kann ich jetzt für meine Beziehung tun? Mit dem folgenden Test finden Sie heraus, woran es in Ihrer Beziehung gegenwärtig hapert und welches der fünf Elemente gerade Ihre Aufmerksamkeit benötigt. Kreuzen Sie bitte ganz spontan die Aussagen an, die für Ihre gegenwärtige Situation charakteristisch sind.

Test:

Was braucht meine Beziehung gerade?

- *e* Ich habe das Gefühl, mein Partner nimmt mir die Luft zum Atmen.
- *b* Es gibt regelrechte Machtkämpfe zwischen uns – auch über Kleinigkeiten.
- *c* Manchmal frage ich mich, ob wir überhaupt noch Gemeinsamkeiten haben.
- *c* Ich würde mich gern mehr auf meinen Partner verlassen können.
- *c* Manchmal habe ich richtig Angst, den anderen zu verlieren – auch wenn es keinen offensichtlichen Grund dafür gibt.
- *c* Ich wünsche mir, die Liebe meines Partners deutlicher zu spüren.
- *d* Ich lebe in ständiger Angst davor, dass mein Partner mich verlässt.
- *a* Wir sprechen viel miteinander – aber nicht über das, was wirklich wichtig ist.
- *e* Manchmal weiß ich gar nicht, wo mein Partner gerade ist – und es interessiert mich ehrlich gesagt auch nicht.
- *d* Ich sehe für uns keine Zukunft mehr, kann aber nicht loslassen.
- *b* Wenn mein Partner etwas zu sagen hat, dann höre ich manchmal schon gar nicht mehr hin.
- *c* Ich kann nicht sagen, dass ich mich in meiner Partnerschaft sicher fühle.
- *e* Wir reden oft aneinander vorbei, und es kommt häufig zu Missverständnissen.
- *e* Ich genieße jede Minute ohne meine bessere Hälfte.
- *a* Manchmal bin ich wütend auf meinen Partner, aber das zeige ich nicht.
- *e* Zwischen uns gibt es kaum noch Berührungspunkte.
- *d* Ich werde argwöhnisch, wenn es meinem Partner besser geht als mir.

- b Manchmal stresst mich die Gegenwart meines Partners richtig.
- d Die meisten Freunde meines Partners interessieren mich nicht.
- a Mein Partner und ich – wir haben keine gemeinsamen Ziele mehr.
- c Ich bekomme zu wenig Aufmerksamkeit von meinem Partner.
- b Wenn ich etwas an meinem Partner kritisiere, artet das schnell in Streit aus.
- e Ich vermeide es, meinen Partner körperlich zu berühren.
- e Wenn ich für mich bin, vermisse ich meinen Partner kaum.
- e Wenn die Beziehung heute zu Ende ginge, würde das keinen großen Unterschied ausmachen.
- e Ich wünsche mir mehr Freiraum in meiner Beziehung.
- a Mir fehlt Ehrlichkeit und Offenheit in der Beziehung.
- c Mein Partner müsste sich mehr um mich kümmern und öfters für mich da sein.
- a Ich wünsche mir mehr Tiefgang in unseren Gesprächen.
- a Manchmal frage ich mich, warum wir überhaupt noch zusammen sind.
- d Ich glaube nicht, dass unsere Beziehung die nächste Krise überstehen wird.
- a Wir streiten kaum miteinander – obwohl ich mir das manchmal wünsche.
- a Ich weiß nicht, wie es mit uns weitergehen soll.
- c Ich frage mich wirklich, ob mein Partner mich noch liebt oder ob er nur aus Gewohnheit noch mit mir zusammen ist.
- d Es macht mir Angst, wenn ich merke, dass mein Partner sich verändert.
- e Wir leben eigentlich nur noch nebeneinander, aber kaum noch miteinander.
- c Wenn ich an meinen Partner denke, fallen mir spontan nur negative Dinge ein.
- c Manchmal lassen wir kein gutes Haar aneinander.
- d Ich will die Sorgen meines Partners gar nicht hören – das belastet mich.
- b Wenn mich mein Partner kritisiert, reagiere ich schnell gekränkt und versuche, ihm gleich Paroli zu bieten.

- a Nach außen wirken wir harmonisch, aber im Grunde haben wir uns auseinandergelebt.
- b Ich habe das Gefühl, unsere Beziehung ist ein einziger Kampf.
- b Es stört mich, dass mein Partner immer bestimmen will, was wir tun oder nicht tun.
- d Wir unternehmen nur noch selten etwas.
- d Ich bleibe lieber mit meinem Partner zusammen, als wieder allein zu sein.
- b Mir fällt auf, dass wir uns in Gesprächen immer häufiger ins Wort fallen.
- a Ich wünsche mir eine gemeinsame Vision mit meinem Partner.
- b Ich wünsche mir mehr Leidenschaft in meiner Beziehung.
- b Mein Partner gibt mir das Gefühl, dass ich nichts richtig mache.
- d Ich bin oft maßlos eifersüchtig.

Auswertung

Jeder Buchstabe entspricht einem Element.

Je häufiger Sie einen Buchstaben angekreuzt haben, umso wichtiger ist dieses Element gerade für Sie. Lesen Sie die entsprechenden Abschnitte zu den Elementen, die Sie angekreuzt haben, auch wenn Sie nur ein Kreuz gesetzt haben. Priorität hat aber natürlich der Buchstabe mit den meisten Kreuzen. Wenn ein Buchstabe in Ihren Antworten gar nicht vorkommt, dann ist die Qualität des entsprechenden Elements für Sie im Augenblick nicht so wichtig.

Überwiegend a): Holz

Überwiegend b): Feuer

Überwiegend c): Erde

Überwiegend d): Metall

Überwiegend e): Wasser

Das Element Holz

Holz sorgt für das Wachstum der Beziehung, die Entfaltung. Es entspricht der gemeinsamen Vision, die zur Verbundenheit der Partner führt. Die Partner gehen direkt miteinander um und teilen sich mit, was sie gern möchten. Sie lernen, aus der Auseinandersetzung mit ihren Unterschieden den anderen zu respektieren und zugleich den anderen als zusätzlichen Freiraum zu erleben, in den hinein sie sich entfalten können. Partnerschaft wird als etwas erlebt, das offen ist und voller Möglichkeiten steckt. Die Kommunikation zwischen den Partnern ist direkt, und keiner scheut sich, dem anderen ehrlich gegenüberzutreten.
Wenn Sie die meisten Kreuze beim Element Holz gesetzt haben, herrscht Verwirrung in der Beziehung. Es wird viel gesprochen, aber wenig überlegt. Es gibt keine gemeinsamen Ziele, keine Kommunikation (im Sinne einer Mit-Teilung), sondern man beschränkt sich nur auf den Austausch von Informationen. Aggressionen werden unterdrückt, man ist »lieb« zueinander und geht Auseinandersetzungen aus dem Weg. Das Ergebnis ist Scheinheiligkeit, die Aggressionen werden geschluckt und treten z.B. in gesundheitlichen Problemen wieder ans Tageslicht. Manche Partner wirken depressiv, resigniert und reagieren in kritischen Momenten sehr gereizt.

Die Beziehung klären

Oberste Priorität sollte in dieser Phase haben, die Kommunikation wieder herzustellen. Wenn schon sehr lange keine ernsthaften Gespräche mehr über die Bedürfnisse in der Beziehung stattgefunden haben, fällt es manchmal nicht leicht, den ersten Schritt in diese Richtung zu machen. Aber erinnern Sie sich: es gab auch Zeiten (auch wenn Sie eine Weile zurückliegen mögen), in denen die Kommunikation zwischen Ihnen geflossen ist – Sie konnten sich austauschen und sich gegenseitig erzählen, was Sie bewegt.
Schreiben Sie am besten jetzt gleich eine Erinnerung auf, in der es Ihnen gelungen ist, einen liebevollen Kontakt zwischen Ihnen und Ihrem Partner aufzubauen.

Was damals ging, geht auch heute wieder

Manchmal vergessen wir einfach, uns mitzuteilen, und erwarten, dass der andere irgendwann schon merken wird, dass etwas nicht stimmt. Doch das ist nicht so. Bedenken Sie: Wenn beide immer darauf warten, dass der andere den ersten Schritt macht, bewegt sich keiner von beiden. Doch muss es ja nicht gleich ein schwieriges Problemgespräch sein, mit dem Sie Ihrer Kommunikation neuen Schwung verleihen. Wichtig ist, dass Sie das Schweigen brechen – und das kann schon mit ganz einfachen Mitteilungen geschehen.

Wie Sie wieder miteinander ins Gespräch kommen

Vermeiden Sie Standardfragen wie »Wie geht es dir?« Diese wirken wie eine Aufforderung, mit einer Standardantwort zu kontern (»Gut«) und sind nicht gerade eine Einladung zu einer Unterhaltung. Besser ist, Sie beginnen mit einer aktuellen Beobachtung: »Mir fällt auf, dass du müde aussiehst – hattest du Stress in der Arbeit? Möchtest du mir etwas darüber erzählen?« Auf diese Weise nimmt ihr Partner wahr, dass Sie echtes Interesse an ihm haben. Schenken Sie Ihrem Partner bewusst Aufmerksamkeit und setzen Sie sich neben ihn, so dass Sie auf gleicher Augenhöhe mit ihm sind, oder bitten Sie ihn, sich kurz zu Ihnen zu setzen. Schauen Sie ihn ruhig und fest an, wenn Sie ihm etwas mitteilen, so dass er spüren kann, dass Sie ganz bei ihm sind.

Sie können sich auch mit der einfachen Herzensmeditation vorbereiten, wie Sie sie in Kapitel 4 kennenlernen werden (siehe Seite 99 ff.). Sie werden merken: Ihr Wunsch nach Kommunikation wird auf Resonanz stoßen. Je öfter Sie auf diese Weise in Kontakt zu Ihrem Partner treten, umso leichter wird es Ihnen fallen, auch schwierigere Themen anzusprechen. Versuchen Sie jedoch nicht, etwas zu erzwingen! Akzeptieren Sie ein Nein als Antwort. Erwarten Sie außerdem keine Wunder. Geben Sie sich und Ihrem Partner Zeit.

Drei Dinge

Notieren Sie hier drei Dinge, die Sie für sich und Ihrem Partner in den nächsten sechs Wochen unternehmen möchten, einfach um sich etwas Gutes zu tun:

1. ______________________________

2. ______________________________

3. ______________________________

Das Element Feuer

Feuer entspricht der Kraft der Wandlung in einer Beziehung. Die Beziehung ist geprägt von Freude am Miteinander und von wacher Teilnahme am anderen. Der Geist der Beziehung ist präsent und lebendig. Das Feuer der Liebe zeigt sich in den glänzenden Augen der Partner. Sie wirken kraftvoll miteinander und verbreiten eine leuchtende Aura der Begeisterung. Die Partner übernehmen Verantwortung füreinander. Großzügigkeit und Wärme bestimmen den Umgang miteinander. Kritik am anderen wird als Anregung aufgefasst und sich zwar zu Herzen genommen, aber auch als vom Herzen kommend verstanden. Die Partner kennen sich in ihren Stärken und Schwächen und wissen deshalb, wann der andere Hilfe braucht und wann er seine Ruhe möchte.

Mehrere Kreuze beim Element Feuer weisen darauf hin, dass Ihnen in Ihrer Beziehung Feuer fehlt: Die Partner wirken kraftlos und haben keine Klarheit über ihre Beziehung. Sie wirken gestresst und im Umgang nervös. Darüber hinaus neigen sie dazu, den anderen dominieren zu wollen. Verantwortung wird nur ungern geteilt. Die Partner geben sich verschlossen und geizen mit ihren Gefühlen, lassen sich nur schwer voneinander begeistern. Das Feuer scheint erloschen. Kritik wird als Beschwerde aufgefasst und als Abwertung angenommen, die das Selbstwertgefühl schwächt. Oft ist ein Partner stärker, und der andere neigt dazu, dessen Vorstellungen vom Leben zu übernehmen und die eigenen Ansichten zu verbergen.

Die Beziehung leben

Wenn Feuer in der Beziehung fehlt, dann ist die Freude am gemeinsamen Leben möglicherweise verlorengegangen. Doch wenn Sie sich zurückerinnern: Irgendwann war sie da, diese Leidenschaft zwischen Ihnen, diese Anziehungskraft, die Sie beide letztlich zueinandergeführt hat.

Glauben Sie mir: dieses Feuer ist immer noch in Ihnen – nur haben Sie den Zugang zu ihm vergessen. Zunächst einmal müssen Sie die Freude daran wiederentdecken, sich aktiv mit Ihrem Partner auseinanderzusetzen.

So gelingt die Auseinandersetzung mit dem Partner

Die Auseinandersetzung mit dem Partner gelingt am besten, indem Sie ihn zu gemeinsamen Aktivitäten einladen, und zwar solchen, bei denen es darum geht, sich ein wenig aneinander zu messen: Das kann gemeinsamer Sport sein, was zugleich den Vorteil hat, dass Sie sich auch wieder körperlich spüren. Die gemeinsame Entspannung danach in der Sauna verstärkt das Gefühl, sich wieder näherzukommen. Oder Sie beschließen, gemeinsam etwas zu kochen – eine ideale Gelegenheit, um auszuprobieren, wie gut Sie noch miteinander harmonieren. Dabei kommt es gar nicht so sehr darauf an, dass Sie sich bei allem, was Sie tun, blendend verstehen. Im Gegenteil: Je mehr unterschwellige Reibung sich zwischen Ihnen aufbaut, umso besser. Diese Reibung ist es, die das Feuer wieder entfachen kann. Das heißt nicht, dass Sie künstlich einen Streit vom Zaune brechen sollten – aber wenn Sie ganz gezielt und mit einem lachenden Auge den anderen dazu auffordern, sich mit ihnen auf eine Auseinandersetzung einzulassen, gewinnt Ihre Liebe wieder an Spannung und Lebenskraft.

Wichtig ist, dass Sie sich den Raum für

mehr Freude in der Beziehung bewusst nehmen. Oft glauben wir, dass Lust und Leidenschaft spontan aufkommen muss – oder gar nicht. Das ist jedoch ein Irrtum: Lust lässt sich viel gezielter aufbauen, wenn Sie bewusst Zeit dafür einplanen. Verabreden Sie sich also mit Ihrem Partner, um gemeinsam ein paar Stunden ungestörter Leidenschaft miteinander zu verbringen.

Drei Dinge

Notieren Sie hier drei Dinge, die Sie mit Ihrem Partner in den nächsten sechs Wochen unbedingt erleben möchten:

1. ____________________
2. ____________________
3. ____________________

Das Element Erde

Erde in der Partnerschaft entspricht dem Gefühl der Geborgenheit spendenden Verbundenheit mit dem Partner. Es ist dasjenige Element, welches die Substanz und das Fundament einer Partnerschaft ausmacht: Mitgefühl, Sympathie und Liebe. Durch Erde wird die Beziehung zu einem Zuhause, in dem wir uns wohl und aufgehoben fühlen. Daraus erwächst Sicherheit und Gelassenheit im Umgang mit dem anderen. Eine solche Partnerschaft ist reich und stark, sie sorgt für beide Partner und nährt sie.

Viele Kreuze beim Element Erde bedeuten zu wenig Erde in der Partnerschaft. Das erzeugt Unsicherheit, und die Partner müssen um die Zuwendung und Aufmerksamkeit des anderen betteln. Man hat Angst, die Zuneigung zu verlieren, oder droht damit, dem anderen diese zu entziehen. Manche versuchen, auch die Liebe zu erzwingen, indem sie den Partner permanent mit Liebesbekundungen überhäufen. Während einer der Partner in die Rolle desjenigen fällt, der um die Liebe des anderen buhlen muss, gerät der andere in die Rolle des Gefühllosen, der sich von diesen Annäherungsversuchen unberührt zeigt. Er lässt kein gutes Haar am anderen. Der so gekränkte Partner zieht sich wiederum in Selbstmitleid zurück und gerät immer mehr in die Opferrolle.

Die Beziehungen stabilisieren

Wenn Erde in der Beziehung fehlt, muss das Gefühl der Zugehörigkeit und des Vertrauens ineinander gestärkt werden. Auch wenn Sie den Eindruck haben, dass Ihnen genau diese Dinge im Augenblick komplett abhandenge-

kommen sind – es muss in Ihrer Partnerschaft eine Phase gegeben haben, in der Sie sich voll und ganz aufeinander verlassen konnten und sich geschützt und geborgen miteinander gefühlt haben. Sonst wären Sie nicht zusammengekommen und hätten eine gemeinsame Beziehung aufgebaut.
Erinnern Sie sich an eine Zeit, in der Sie voll Vertrauen und Zuversicht in die Beziehung waren – und halten Sie diese Erinnerung schriftlich fest.

Das Vertrauen in die Beziehung stärken

Vertrauen ist ein sehr kostbares Gut und wenn wir glauben, dass wir es in unserer Beziehung verloren haben, dann sollten wir uns genügend Zeit nehmen und viel Geduld mitbringen, um es wieder Stück für Stück aufzubauen. Der erste Schritt in die richtige Richtung ist: Verbringen Sie wieder mehr Zeit miteinander – und zwar ohne ein bestimmtes Ziel zu verfolgen, einfach so.
Die meisten von uns sind im Alltag so sehr eingebunden, dass sie kaum noch Zeit dafür haben, sich mit Ihrem Partner auseinanderzusetzen und herauszufinden, was er wirklich braucht. Während uns der tägliche Wahnsinn zwischen Familie und Beruf aufzufressen droht, erwarten wir wie selbstverständlich, dass unsere Partnerschaften funktionieren und unseren Stress kompensieren.

Pflege-Programm für die Beziehung

Dass auch unsere Beziehung der Pflege und Hingabe bedarf, merken wir oft erst dann, wenn es zu spät ist. Da wir uns zu wenig Zeit füreinander nehmen, fangen wir an zu spekulieren. Anstatt einfach in Kommunikation zu treten und zu fragen, begnügen wir uns mit Eindrücken und Annahmen – und öffnen so unseren Vorurteilen und Bewertungen Tür und Tor. Wir fühlen unsere Beziehung nicht mehr – sondern wir stellen Vermutungen über sie an. Dagegen hilft nur eins – raus aus dem Alltag! Sie müssen in Ihrer Beziehung wieder eine Basis finden, in der nur Gefühle zählen und alle Denkschablonen außen vor bleiben.

Gönnen Sie sich eine Auszeit

Nehmen Sie sich eine gemeinsame Auszeit, geben Sie die Kinder bei der Oma ab, delegieren Sie alle Termine oder sagen Sie sie gleich ab – und gönnen sich ein Wellness-Wochenende an einem Ort, an dem Sie niemand erreichen kann. Handys und Laptop sind selbstverständlich tabu! Zwischen Saunagängen und Massagen, leckerem Essen und gemütlichen Abenden vor dem Kamin können Sie wieder die Basis Ihrer Beziehung entdecken, die im Lärm des Alltäglichen verschüttet lag. Genießen Sie einfach das Miteinander in vollen Zügen – ohne Erwartungen und ohne Vorgaben. Es geht um nichts außer um Sie beide. Solche Auszeiten sollten Sie sich zur guten Gewohnheit machen. Sie werden merken: Ihr Umgang miteinander wird immer entspannter werden, und viele Probleme und Kritikpunkte, mit denen Sie sich zuvor herumgeschlagen haben, erscheinen Ihnen als das, was sie wirklich sind: völlig unnötig. Wenn Sie Entspannung und Wohlsein miteinander teilen können, schaffen Sie die beste Voraussetzung dafür, sich in Ihrer Beziehung wieder ganz wie zu Hause zu fühlen.

Drei Dinge

Notieren Sie hier drei Dinge, die Sie für sich und mit Ihrem Partner in den nächsten sechs Wochen unternehmen möchten, einfach um sich etwas Gutes zu tun:

1. ______________________________

2. ______________________________

3. ______________________________

Das Element Metall

In einer Beziehung treffen wir das Metall im Wechselspiel der Partner an – im ständigen Geben und Nehmen, im Zusammenhalten und Loslassen, im Miteinander und Ohneeinander. Es ist die Fähigkeit einer Partnerschaft, sich zu reinigen und zu erneuern. Dies beinhaltet auch den Kontakt zur Umwelt, in welche die Beziehung eingebettet ist und zu der sie vielfältige Beziehungen unterhält. Es gibt gute gemeinsame Freunde, aber auch eigene Freunde, die der Beziehung einen stützenden und haltenden Rahmen bieten. Die Partner haben Vertrauen zueinander und sehen Zeiten der Krise und der Trauer als Chance, die Partnerschaft zu stärken und gemeinsam zu lernen, Probleme zu lösen. Dies versorgt die Beziehung mit neuen Impulsen. Es herrscht die Bereitschaft vor, voneinander, aneinander und miteinander zu lernen: Freude und Leid werden geteilt. Es gibt ein grundsätzliches Gefühl, dass alles gut wird. Auch die Überwindung der Vergangenheit ist möglich – sowohl für die des Einzelnen als auch die der Beziehung als solcher: Es gibt immer wieder Hoffnung auf einen neuen Anfang.

Wenn Sie mehrere Kreuze beim Element Metall gesetzt haben, heißt das, dass zu wenig Metall in Ihrer Beziehung vorhanden ist. Das zeigt sich in übertriebener Sorge davor, was aus der Beziehung werden könnte, wenn sie in eine Krise gerät. Dann gibt es kein Vertrauen, sondern Angst vor Verlust und Abschied. Diese Angst wirkt beklemmend und nimmt selbst in guten Zeiten den Partnern den Atem und lässt sie pessimistisch in die Zukunft blicken. Aus dieser Angst entsteht bei einigen eine übertriebene Tendenz, an der Partnerschaft festzuhalten, so dass sie sich nicht entwickeln kann. Andere hingegen lassen sich aus Angst vor Enttäuschung innerlich gar nicht erst auf eine Partnerschaft ein: Sie fürchten vielleicht aus Erfahrungen der Vergangenheit heraus den Misserfolg und verhalten sich distanziert.

Die Beziehung ordnen

Beziehungen, denen Metall fehlt, mangelt es an Klarheit im Umgang miteinander. Da niemand seine Sorgen zur Sprache bringt, befürchtet jeder ständig das Schlimmste – und dreht sich dabei letztlich nur um sich selbst. Dabei können Sie sich bestimmt daran erinnern, wie es war, als Sie ganz deutlich das Gefühl hatten, das Leben miteinander zu teilen, miteinander durch dick und dünn zu gehen. Halten Sie die Situationen, die vor Ihrem geistigen Auge auftauchen, schriftlich fest.

Eine positive Vision für die Zukunft entwickeln

Egal woran Sie sich gerade erinnert haben – es zeigt, dass ein solcher positiver Zustand zwischen Ihnen beiden existiert hat und jederzeit wieder möglich sein kann. Wenn Ängste und Sorgen die Stimmung in einer Partnerschaft prägen, dann haben Sie den Kontakt zur Zukunft der Beziehung verloren. Wer ständig den Teufel an die Wand malt, sieht auch für die Zukunft schwarz – er glaubt nicht mehr daran, eine Wahl zu haben, die Zukunft gestalten zu können. Die Wiederentdeckung des Möglichkeitssinns schafft ein Gegengewicht zu dieser düsteren Erwartungshaltung. Das heißt konkret: Schaffen Sie gemeinsame Ziele und verwirklichen Sie einen gemeinsamen Traum. Eine positive Vision für die Zukunft Ihrer Beziehung muss her: Tauschen Sie sich also offen über Ihre Wünsche und Sehnsüchte aus.

Um herauszufinden, was Sie beide für Ihre Partnerschaft wirklich wollen, können Sie anfangen, sich gegenseitig nach einem »stattdessen« zu fragen, wenn Sie merken, dass einer von beiden sich wieder Sorgen macht und Ängste

Drei Dinge

Notieren Sie hier drei Dinge, auf die Sie sich in den nächsten sechs Wochen gemeinsam mit Ihrem Partner freuen können:

1. ______________________

2. ______________________

3. ______________________

auftauchen. Fragen Sie sich selbst und den anderen konsequent danach, was statt der Ängste und Sorgen da sein soll, was also anders wäre, wenn diese Ängste und Sorgen verschwunden wären. Auf diese Weise bekommen Sie eine Vorstellung von Alternativen, auf die Sie sich freuen können. Wenn also Ihr Partner sagt: »Ich habe große Angst, dass du mich verlässt«, dann fragen Sie ihn: »Woran würdest du merken, dass diese Angst in deinem Leben keine Rolle mehr spielt? Was wäre dann anders für dich? Was wäre statt der Angst da?« Und vielleicht antwortet er dann: »Ich würde ein größeres Vertrauen in unsere Beziehung spüren.« So können Sie gemeinsam überlegen, welche Dinge Sie als Nächstes unternehmen möchten, um das Vertrauen zu stärken.

Das Element Wasser

Wasser hält die Beziehung im Fluss, und zwar wie von selbst und ohne großartiges Zutun – so wie ein Floß vom Wasser getragen wird. Es findet Ausdruck in der Hingabe der Partner aneinander und dem Wunsch nach Verschmelzung miteinander. In dieser Versenkung in den anderen mischen sich die Wasser des einen Partners mit dem des anderen, und es entsteht ein tiefes Verständnis füreinander. In dieser Tiefe ist die Beziehung unerschütterlich verankert, egal wie stürmisch die Zeiten auch sein mögen. Wasser bringt eine spirituelle Dimension in die Beziehung: Wir treten in Kontakt mit dem großen Geheimnis der Beziehung.

Wenn Wasser fehlt, herrscht Angst vor, sich im anderen zu verlieren. Schnell tauchen Gefühle der Enge auf, und man widersetzt sich jenen Momenten der Gemeinsamkeit, aus Angst, die Individualität zu verlieren. Die Partnerschaft wirkt wie gelähmt, die Partner starr und unbeweglich. Berührungen fallen schwer, und beide wissen oft gar nicht so recht, warum sie zusammengefunden haben. Die Partnerschaft befriedigt nicht die Bedürfnisse der Partner, und es gibt keine gemeinsame Quelle, aus der sich die Partnerschaft speist. Deshalb kann sie leicht erschüttert werden, und schon der kleinste Windhauch erzeugt Sturmwellen.

Die Beziehung lösen

Wenn Wasser in der Beziehung fehlt, liegt dies häufig daran, dass sich zwei Menschen schon sehr weit vom Ursprung ihrer Beziehung entfernt haben. Wir sagen dann oft: die beiden haben sich auseinandergelebt. Vielleicht ist es noch die Gewohnheit, die sie zusammenhält, vielleicht aber auch die Angst vor der Einsamkeit.

Und dennoch gab es eine Zeit, da waren Sie beide auf dieser geheimnisvollen Ebene in Kontakt miteinander: Sie mussten sich nur in die Augen blicken und verstanden sich. Sie wussten, was der andere sagen will, noch bevor er es aussprach. Sie fühlten, was dem anderen fehlt, noch bevor er es selbst formulieren konnte. Notieren Sie die erste Erinnerung an diese Zeit, in der Sie im Fluss miteinander waren.

Den Weg zur Quelle zurückfinden

Auch wenn Sie den Fluss der Beziehung zwischen sich und Ihrem Partner zurzeit für ausgetrocknet halten – er ist noch nicht versiegt. Sie müssen nur den Zugang zur Quelle wiederfinden. Dabei ist es wichtig, ganz ehrlich zu sich selbst zu sein und sich nicht davor zu scheuen, die alles entscheidende Frage zu stellen: Will ich überhaupt noch an dieser Beziehung festhalten? Haben Sie keine Angst vor dieser Frage, sondern begrüßen Sie sie als wichtigen Impuls für eine Veränderung. Denn wenn Sie auch nur den geringsten Zweifel daran haben, diese Frage mit einem klaren Nein zu beantworten, dann geht es nicht darum, die Beziehung als solche zu lösen, sondern darum, etwas in der Beziehung wieder zu lösen. Wenn wir die Quelle unserer Beziehung verloren haben und gar nicht mehr wissen, warum wir überhaupt das Leben miteinander teilen, dann kann es nützlich sein, sich diese Frage auch selbst zu stellen: Was will ich eigentlich im Leben erreichen? Bin ich zufrieden mit meinem Leben? Was wünsche ich mir noch? Welche Visionen gibt es, die mein Leben Lebenswert machen?

Eine Auszeit kann Klarheit schaffen

Ein hilfreicher Schritt könnte sein, sich für eine Weile eine Auszeit voneinander zu nehmen – die Beziehung vorübergehend zu lösen, damit jeder die Gelegenheit bekommt, wieder mit sich selbst und den eigenen Wünschen fürs Leben in Kontakt zu kommen. Vielleicht nehmen Sie sich Urlaub und verbringen ihn ganz allein für sich. Oder Sie ziehen für eine Weile zu einem Verwandten oder einer Bekannten. Diese Distanz kann Ihnen Klarheit darüber verschaffen, was Sie in Ihrem Leben wollen, was Ihnen wichtig ist. Und mit diesen Erkenntnissen können Sie zurückkehren und die Beziehung mit anderen Augen betrachten. Die Chance, dass sich dann auch etwas zwischen Ihnen gelöst hat, ist sehr groß.

Drei Dinge

Schreiben Sie drei Dinge oder Fragestellungen auf, die Sie in den nächsten sechs Wochen für sich in Bezug auf Ihre Beziehung lösen möchten:

1. ______________________________

2. ______________________________

3. ______________________________

Die acht Herzenswünsche

Liebe im Sinne des Feng Shui meint nicht nur die romantische Liebe, sondern umfasst ebenso die Liebe zum Beruf, Freundschaft und Selbstliebe. Die verschiedenen Arten der Liebe werden mit dem Muster der Ba Gua unterschieden. Mit ihrer Hilfe lassen sich auch Wohnräume untersuchen.

Das Herz – Sitz der Liebe

In diesem Buch dreht sich alles um die Frage, wie wir glückliche und sinnvolle Beziehungen zu unseren Mitmenschen aufbauen können. Es geht darum, in uns die Kraft der Liebe neu zu entdecken und auf der Grundlage unseres Herzens Glück mit anderen zu finden. Das Herz ist der Ort der Liebe. Von ihm geht alle Kraft des Lebens aus, und es ist der Sitz unserer Gefühle und Emotionen.

Dein ist mein ganzes Herz ...

Nicht umsonst ist das Herz eines der ältesten Symbole für die Liebe. Wenn wir uns verlieben, dann schenken wir jemandem unser Herz. Der Mensch, den wir lieben, bekommt einen Platz in unserem Herzen. Den Ehering trägt man am Ringfinger der linken Hand, weil man glaubte, in diesen Finger führe eine Ader, in der Herzblut fließt. Wenn wir uns mit jemandem gut verstehen, dann sind wir ein Herz und eine Seele. Wenn wir den Verlust eines Menschen beklagen, dann bricht es uns das Herz. Uns geht das Herz auf, wenn wir glücklich sind, und wenn uns etwas leidtut, dann schnürt es uns das Herz zusammen. Hand aufs Herz – so lautet die Formel für Aufrichtigkeit sich selbst und anderen gegenüber. Und wer seinen Favoriten zum ersten Mal anspricht, der muss sich vielleicht ein Herz fassen. Bei Menschen, die kalt und harsch sind, vermuten wir ein Herz aus Stein. Und wenn wir verliebt sind, dann schlägt unser Herz nur für den einen oder die eine. Denn wenn es um die Liebe geht, ist Herz Trumpf!

Entdeckungsreise in die Räume des Herzens

Sicherlich haben auch Sie in Ihrer Wohnung »Lieblingsplätze« – den alten Lesesessel, das gemütliche Sofa oder Ihr Bett. Haben Sie sich schon einmal gefragt, warum das so ist?

Ba Gua – die Lebensenergie im Raum

Im alten China wusste man: Die Lebensenergie Qi verteilt sich nach einem bestimmten Muster und nimmt in den verschiedenen Winkeln eines Raumes unterschiedliche Qualitäten an. Mal fließt sie dynamisch und schnell, mal langsam und gemächlich. An der einen Stelle lädt sie zu Aktivität ein, an der anderen eher zur Besinnung und Meditation. Über die Jahrhunderte entwickelte sich daraus das Schema der Ba Gua, der Acht Zeichen, ein Raster, das auf jeden Raum gelegt werden kann und zeigt, wie sich die Energie verteilt.

Acht Felder der Ba Gua für acht Lebensthemen

Die acht Felder dieses Rasters entsprechen den acht Lebensthemen des Menschen. Im Feng Shui gehen wir davon aus, dass dieses Muster, wenn es auf die Räume angewandt wird, in denen wir leben, zeigt, wie es um unser Verhältnis zu diesen Themen bestellt ist.

Ba Gua des Herzens

Was können wir in den einzelnen Bereichen tun, um unsere Beziehungen zu verbessern? Wie können wir mehr mit dem Herzen bei der Sache sein, wenn wir uns mit diesem Lebensthema auseinandersetzen? Unter dem Blickwinkel der Liebe werden die Ba Gua zum Schlüssel für unsere Herzenswünsche – für all das, was wir gerade brauchen. Wenn sich Qi in allen Bereichen der Ba Gua entfalten kann, dann fühlen wir uns angenommen und geborgen im Leben. Auf dieser Grundlage ist es möglich, Liebe als etwas zu erfahren, was unser ganzes Leben durchzieht. Wir werden feststellen, dass kein-Lebensbereich uns Kraft schenken kann, wenn er nicht zu einer Angelegenheit unseres Herzens werden darf. Hier eine Übersicht über die Felder:

Donner – Familie: bezieht sich auf die Familie, in der wir selbst groß geworden sind; im weiteren Sinne alle Personen, die für uns Autorität verkörpern.

Wind – Materie: hier dreht sich alles um Materie, angefangen von unserem leiblichen Wohlbefinden bis hin zu unserem Wohlstand; manchmal wird dieser Bereich auch »Reichtum« genannt.

Feuer – Erfolg: unser Lebensziel; bezieht sich auf alles, was wir erreichen wollen in unserem Leben.

Erde – Partner: das traditionelle »Liebes-Eck«; hier begegnen wir unseren Sehnsüchten und Wünschen in punkto Partnerschaft.

See – Kinder: damit sind die leiblichen Kinder ebenso gemeint wie die geistigen; alles, was wir in unserem Leben hervorbringen und unserer Kreativität entspringt.

Himmel – Freunde: in diesem Feld finden wir Hilfe, wenn wir uns einer Aufgabe nicht mehr gewachsen fühlen; »hilfreiche Freunde« meint nicht nur unsere Bekannten, sondern auch höhere Instanzen, an die wir uns z.B. im Gebet wenden können.

Wasser - Beruf: bezieht sich auf die Talente und Fähigkeiten, die wir in dieses Leben mitgebracht haben.

Berg – Wissen: nicht nur vom Kopfwissen ist hier die Rede, sondern auch von unserer Intuition und dem inneren Wissen darüber, was uns gut tut.

Ba Gua des Herzens

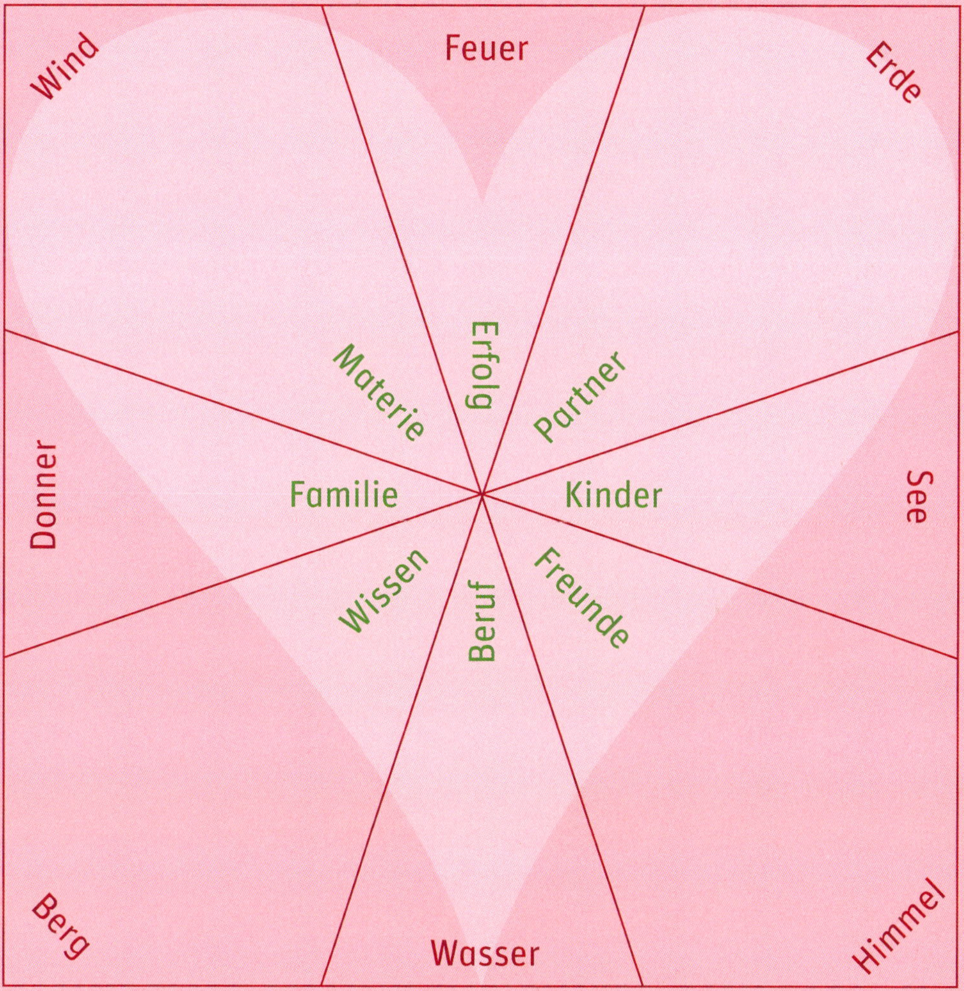

Test:

In welchem Lebensbereich liegt Ihr aktueller Herzenswunsch?

Der folgende Test ermöglicht es Ihnen, Klarheit über Ihre augenblicklichen Bedürfnisse zu bekommen. Lesen Sie alle Aussagen zu den einzelnen Lebensbereichen sorgfältig durch und vergeben Sie Punkte.

0 Punkte: trifft zurzeit überhaupt nicht auf mich zu.

1 Punkt: trifft vielleicht ein bisschen auf mich zu.

2 Punkte: trifft hin und wieder auf mich zu.

3 Punkte: damit kann ich etwas anfangen.

4 Punkte: damit kann ich sehr viel anfangen.

5 Punkte: Volltreffer – darum drehen sich zurzeit alle meine Gedanken.

Zählen Sie anschließend die Punkte für jeden Bereich zusammen und tragen Sie die Ergebnisse in Ihr Herzenswunschprofil auf Seite 74 ein.

1. Familie und Autorität	Punkte
In letzter Zeit stelle ich immer häufiger Eigenschaften an mir fest, die ich auch von meinen Eltern kenne.	____
Ich habe den Verlust eines Elternteils oder nahen Verwandten zu beklagen.	____
Meine Familie übt einen großen Einfluss auf mein Leben aus – davon möchte ich mich lösen.	____
Ich habe zurzeit immer wieder Konflikte mit Autoritäten, z. B. meinem Chef oder mit Behörden.	____
Meine Autorität wird in letzter Zeit immer häufiger angezweifelt, z. B. im Beruf oder von den eigenen Kindern.	____
In letzter Zeit fallen mir immer wieder Szenen aus meiner Kindheit ein.	____
Ich interessiere mich gerade für die Vergangenheit meiner Familie und erforsche meine Vorfahren.	____
Summe für diesen Bereich:	

2. *Körper*

Punkte

Ich mache mir zurzeit Sorgen um meine Gesundheit. ____
Ich fühle mich in letzter Zeit in meiner Haut nicht mehr wohl. Ich bin unzufrieden mit meinem Aussehen. ____
Ich habe mich in letzter Zeit ziemlich oft verausgabt und war körperlich am Limit. ____
Ich müsste mehr für meine Fitness tun. ____
Meine finanzielle Situation bereitet mir schlaflose Nächte. ____
Es fällt mir zurzeit schwer, das Geld zusammenzuhalten. ____
Ich gönne mir zu wenig Entspannung. ____

Summe für diesen Bereich:

---

3. *Erfolg*

Punkte

Meine Ideen sind gut, aber ich traue mich nicht, sie in die Tat umzusetzen. ____
Ich stehe vor einer Prüfung und habe Angst zu versagen. ____
Ich habe gerade einen Misserfolg erlebt, und nun fehlt mir die Kraft für etwas Neues. ____
Ich habe den Eindruck, dass ich zu wenig Anerkennung bekomme für das, was ich leiste. ____
Als ich letzthin Kritik einstecken musste, hat mich das ziemlich stark verletzt. ____
Eigentlich liebe ich meinen Job, aber zurzeit macht er mir überhaupt keinen Spaß. ____
Ich frage mich in letzter Zeit immer häufiger, ob ich meine Energie nicht in wichtigere Dinge investieren sollte. ____

Summe für diesen Bereich:

---

4. *Partnerschaft*

Punkte

Ich bin frisch verliebt – und mein größter Wunsch ist, eine feste Beziehung einzugehen. ____
Ich bin Single, und mir fehlt zurzeit die Geborgenheit einer Partnerschaft. ____
In meiner Beziehung herrscht gerade Krisenstimmung. ____
Meine Beziehung ist an einen Punkt gekommen, an dem sie dringend neue Leidenschaft braucht. ____

In letzter Zeit habe ich deutlich das Gefühl, dass meine Bedürfnisse in der Beziehung zu wenig Raum haben. ____

Das Zusammenleben mit meinem Partner ist anstrengend geworden: Meinungsverschiedenheiten sind an der Tagesordnung. ____

Manchmal habe ich den Eindruck, mein Partner und ich leben mehr nebeneinander als miteinander. ____

Summe für diesen Bereich:

---

5. *Kinder und Kreativität*

Punkte

Ich fühle mich in meiner Kreativität zurzeit blockiert. ____

In letzter Zeit denke ich öfter darüber nach, mich kreativ auszuleben, z. B. einen Schauspielkurs zu besuchen oder Gesangsunterricht zu nehmen. ____

Ich wünsche mir mehr Farbe und Abwechslung in meinem Leben – der graue Alltag geht mir auf die Nerven. ____

Ich habe viele tolle Ideen, schaffe es aber nicht, mein Chaos in den Griff zu kriegen – darum bleibt es oft beim guten Vorsatz. ____

Das Verhältnis zu meinen Kindern ist zurzeit ziemlich angespannt. ____

Ich habe schon mehrere Anläufe genommen, um eine gute Idee in die Tat umzusetzen – aber ich scheitere einfach an der Organisation. ____

Ich suche nach neuen Inspirationen für meine kreative Arbeit. ____

Summe für diesen Bereich:

---

6. *Freunde und Vertrauen ins Leben*

Punkte

Manchmal habe ich den Eindruck, dass mir alles über den Kopf wächst – dann wünsche ich mir sehnlichst Hilfe. ____

Ich durchlebe eine schwierige Phase in meinem Leben und könnte gut Unterstützung gebrauchen. Allerdings weiß ich nicht, an wen ich mich wenden soll. ____

Eine gute Freundschaft ist gerade in eine Krise geraten, und ich weiß nicht, ob und wie wir wieder zusammenkommen werden. ____

Ich wünsche mir neue Kontakte und möchte meinen Freundeskreis erweitern. ____

Ich habe Großes vor und suche nach Menschen, die mich dabei unterstützen. ____

Bei dem, was ich gerade durchmache, kann es nur noch besser werden. ____

Nach all den Erfahrungen, die ich in letzter Zeit gemacht habe, können einem schon Zweifel am Sinn des Lebens kommen. ______

Summe für diesen Bereich:

7. Beruf und Berufung

Punkte

Ich erwäge einen Jobwechsel, bin mir aber nicht sicher, ob ich mich dadurch wirklich verbessern werde. ______

Ich suche gerade nach Arbeit und bin unsicher, was das Richtige für mich ist. ______

Ich habe meine Lebensziele zurzeit aus den Augen verloren. ______

Ich würde gerne mehr in Kontakt mit meinen Anlagen und Talenten kommen. ______

Es fällt mir zurzeit eher schwer, mich auf das zu konzentrieren, was mir wirklich wichtig ist. ______

Mein Job hat nichts oder nur sehr wenig mit dem zu tun, wozu ich mich berufen fühle. ______

Ich habe zurzeit kein klares Bild davon, was mein Beitrag zur Gesellschaft sein könnte. ______

Summe für diesen Bereich:

8. Wissen

Punkte

Ich frage mich zurzeit oft, wie andere Menschen Dinge fertigbringen, die mir schwerfallen. ______

Ich halte mich gern auf dem Laufenden, indem ich Zeitung lese, Nachrichtensendungen anschaue oder im Internet surfe. ______

Es fällt mir schwer, einmal Gelerntes wirklich zu behalten. ______

Ich habe große Lust, meinen Horizont zu erweitern und mein Wissen zu vermehren. ______

Manchmal wünsche ich mich auf eine einsame Insel – ohne Telefon, ohne E-Mail und ohne Fernsehen. ______

Obwohl ich viel weiß, merke ich immer wieder, dass mich das nicht mehr weiterbringt. ______

Ich bewundere Menschen, die anscheinend auf jede Frage eine Antwort wissen. ______

Summe für diesen Bereich:

Herzenswunschprofil

Tragen Sie die Ergebnisse des Tests in Ihr Herzenswunschprofil unten auf der Seite ein, indem Sie für die entsprechende Punktezahl pro Lebensbereich den Balken von links nach rechts ausfüllen. Je mehr Punkte Sie in einem Bereich haben, umso länger wird der Balken in diesem Diagramm sein – und umso wichtiger ist auch der entsprechende Herzenswunsch. Sie erhalten so ein aktuelles Profil Ihrer Herzenswünsche.

Profil Ihrer Herzenswünsche

	0–8 unwichtig	9–17 weniger wichtig	18–26 wichtig	7–35 sehr wichtig
Familie				
Körper				
Erfolg				
Partner				
Kinder				
Freunde				
Beruf				
Wissen				

Wie Ihre Herzenswünsche in Erfüllung gehen

Im folgenden Kapitel finden Sie eine ausführliche Besprechung der einzelnen Herzenswünsche. Nach einer Einführung in die Bedeutung der einzelnen Lebensbereiche bekommen Sie einen konkreten Vorschlag, den Sie gleich in die Tat umsetzen können, um einen ersten Schritt in Richtung Erfüllung des Wunsches zu tun. Außerdem erhalten Sie einige Tipps, wie Sie mit Hilfe des Musters der Ba Gua Ihr Zuhause so gestalten können, dass Ihr Wunsch auch in der äußeren Umgebung Ausdruck findet und das Qi an der richtigen Stelle in Fluss kommt. Auf diese Weise wirken innen und außen gemeinsam in die für Sie momentan wichtige Richtung. Mehr Informationen zur Anwendung der Ba Gua finden Sie im Anschluss an die Beschreibung der acht Herzenswünsche.

Ihre Herzenswünsche

Die acht Felder des Herzens zeigen Ihnen, in welchen Lebensbereichen Sie sich mehr Liebe wünschen. Da diese Felder miteinander verbunden sind, ist es egal, welchem Herzenswunsch Sie sich zuerst zuwenden: jeder Schritt, der die Herzensenergie wieder frei fließen lässt, bringt die Kraft der Liebe in Ihr ganzes Leben zurück.

Die Liebe zur Familie

Dieser Bereich steht für den Anfang aller Prozesse – denn der Anfang Ihres Lebens liegt in der Familie. Hier finden wir die Wurzeln unserer Gegenwart. Alles, was wir sind, stammt von dort. Unsere Vergangenheit ist zwar vorüber, doch sie lebt in uns weiter, ebenso wie in uns unsere Ahnen weiterleben. Doch nicht nur unsere familiären Bindungen werden in diesem Bereich symbolisiert, sondern alle Einflüsse, die uns in unserem bisherigen Leben geprägt haben – etwa der Lehrer, der frühzeitig unsere Begabungen erkannte. Es handelt sich um Menschen, denen wir uns untergeordnet haben, die uns aber dadurch wichtige Impulse für unsere Weiterentwicklung gegeben haben. Die Liebe zur Familie und all den Personen, die unseren Lebensweg entscheidend geprägt haben, bedeutet, ihren Beitrag in unserem Leben zu würdigen. Dieser Herzenswunsch ist aktuell, wenn …

- … Sie merken, dass Sie das Band zu Ihrer Familie wieder stärken möchten.
- … Sie mit dem Verlust oder der Möglichkeit eines Verlustes eines Elternteils konfrontiert werden.
- … Sie das Gefühl haben, dass es an der Zeit wird, sich von Ihrer Familie zu lösen und eigene Wege zu gehen.
- … Sie Ihr Verhältnis zu Autoritätspersonen neu betrachten möchten.
- … Sie selbst die Rolle einer Autoritätsperson zugewiesen bekommen.

Bindungen lösen, um selbstständig zu werden

Manchmal mag die Zeit, in der wir von diesen Menschen geprägt wurden, problematisch für uns gewesen sein. Vielleicht fühlten wir uns, z. B. von unseren Eltern, in unserer Freiheit eingeschränkt. Dann wollten wir nichts anderes, als möglichst schnell aus ihrem Einflussbereich verschwinden. Nicht immer muss dabei das persönliche Verhältnis zu ihnen im Argen gelegen haben – auch die Liebe unserer Eltern kann erdrückend sein und uns auf unserem Lebensweg beschränken. Sich von diesen Einflüssen zu befreien ist ein wichtiger Schritt, um sein Leben als eigenständiges Individuum führen zu können. Deshalb steht dieser Bereich auch für unseren Wunsch nach Autonomie, danach, unsere eigene Autorität im Leben zu werden.

Bindungen leugnen führt zur Isolation

Einige Menschen opfern für ihre Selbstbestimmung die Verbindung zur Herkunft. Sie glauben, dass sie besser im Leben vorwärtskommen, wenn sie sich von den alten Bindungen so schnell wie möglich lösen. Die Folge ist nicht selten Angst vor künftigen Beziehungen, denn sie wollen keine Ankerpunkte schaffen, die ihnen wie ein Klotz am Bein hängen. So ziehen sie es vor, sich unverbindlich zu geben, meiden enge Kontakte und scheuen jede Verantwortung für ihre Vergangenheit. Die Liebe zur Familie abzulehnen mündet deshalb oft in Isolation und darin, keinen eigenen Standpunkt zu finden.

Zu enge Bindungen verhindern Autonomie

Andere wiederum wagen es bis ins hohe Alter nicht, ihr eigenes Leben zu führen. Sie wohnen noch mit 40 bei Muttern und lassen sich bekochen und verwöhnen. Diese Lebenshaltung setzt sich nicht selten im Alltag fort: Sie sagen zu allem ja und amen und sind froh, wenn andere bestimmen, wo es langgeht. Die übertriebene Liebe zur Familie macht uns abhängig: Anstatt wir selbst zu werden, bleiben wir Mamas Liebling.

Würdigen Sie die Verbindung zur Familie

Die Liebe zur Familie ist etwas anderes. Sie zeigt uns, wie wichtig es ist, dass wir ein Bewusstsein für unsere Herkunft besitzen, ein Band, das uns unzertrennlich mit unserer Vergangenheit verbindet. Dieses Band lehrt uns, dass wir einzigartig sind, aber nicht vereinzelt: Wir sind immer Teil einer großen Gemeinschaft, auch wenn wir uns selbst verwirklichen. Liebe zur Familie heißt, dieses Band zu würdigen und zugleich die Verpflichtung einzugehen, aus den Anlagen und Impulsen, die wir von unserer Familie und anderen Autoritätspersonen mitbekommen haben, etwas Eigenständiges zu machen.

Der erste Schritt: Das Vergangene integrieren

Wenn Sie diesen Herzenswunsch für sich ausgewählt haben, erleben Sie vielleicht gerade, wie die Verbundenheit mit Ihrer Vergangenheit Sie daran hindert, eine Entscheidung für den eigenen Weg zu treffen. Zunächst ist es wichtig, dass Sie diese Verbundenheit nicht abwerten, sondern als eine positive Kraft wertschätzen – auch wenn Sie im Augenblick eher das Gefühl haben, dadurch blockiert zu sein. In Wirklichkeit aber ist es eine Stärke, die es auch in Zukunft zu bewahren gilt – nur eben auf eine Weise, die es Ihnen erlaubt, trotzdem Ihren eigenen Weg zu gehen. Folgende Übung kann dabei nützlich sein: Denken Sie an eine Person aus Ihrer Familie oder Ihrer Vergangenheit, die Sie sehr verehren. Welche drei Eigenschaften dieser Person bewundern Sie am meisten?

1. ______________________________
2. ______________________________
3. ______________________________

Dann überlegen Sie: Wie könnten Sie diese drei Eigenschaften in eines Ihrer künftigen Projekte einfließen lassen? Wie könnten Sie diesem Menschen durch Ihre Taten ein Denkmal setzen? Indem Sie die Menschen, die Teil des Fundaments sind, auf denen sich Ihr Leben gründet, bei Ihren Projekten im Herzen tragen, setzen Sie das Andenken dieser Menschen fort und machen es zu einer Kraftquelle für Ihre Zukunft. Das ist die Voraussetzung dafür, dass Sie sich von ihnen lösen können, denn sie leben in Ihrem Herzen weiter.

Feng-Shui-Tipp für den Herzenswunsch Familie

Den Bereich »Familie« können Sie stärken, indem Sie den entsprechenden Platz in Ihrer Wohnung oder in Ihrem Zimmer mit Symbolen für Wachstum und Aufbruch gestalten. Dafür eignen sich alle Grünpflanzen, besonders aber schnell und in die Höhe wachsende Pflanzen wie Zyperngras, Papyrus, Schilfe und Bambus. Farblich können Sie diesen Bereich in Grün- und Blautönen halten. So wäre eine blaue Vase mit einigen grünen Zweigen eine schöne Entsprechung für die sich aus alten und überholten Zusammenhängen befreiende Qi-Energie. Wenn Sie diesen Bereich nutzen möchten, um sich wieder stärker mit Ihrer Familie verbunden zu fühlen, bietet es sich ebenfalls an, dort eine kleine Ahnengalerie unterzubringen.

Die Liebe zur Materie und zum Körper

Menschen wollen sich sicher fühlen. Die Anwesenheit von scheinbar unvergänglichen Dingen, der Besitz von materiellen Gegenständen spiegeln diesen Wunsch nach Stabilität. Aber Dinge schenken uns nicht nur Sicherheit, sondern sie befriedigen auch unser Bedürfnis nach Schönheit. Warum sonst versuchen Menschen, es sich schön zu machen in ihren vier Wänden? Ein weiterer Aspekt der Liebe zur Materie ist die Freude am Genuss: ein köstliches Essen in angenehmer Atmosphäre, ein gutes Glas Wein oder ein duftendes Schaumbad bei Kerzenschein – Materielles bringt uns in Berührung mit der Sinnlichkeit des Lebens und schenkt uns Wohlbefinden.

Noch grundlegender geht es bei diesem Herzenswunsch um körperliche Unversehrtheit und damit um den Wunsch nach ausreichend Nahrung und dem Schutz vor Krankheiten. Beides ist in diesem Herzenswunsch zusammengefasst: Die Liebe zur Materie, zu dem, was wir besitzen, und die Liebe und Wertschätzung, die wir unserem eigenen Körper entgegenbringen. Diese Liebe zeigt sich in der Aufmerksamkeit, die wir beidem schenken. Nur wenn sie gehegt und gepflegt werden, behalten sie ihre natürliche Schönheit.

Dieser Herzenswunsch ist aktuell, wenn …

- … Ihre Gesundheit beeinträchtigt ist oder Sie sich allgemein nicht wohl in Ihrer Haut fühlen.
- … Sie unzufrieden sind mit Ihrem Äußeren.
- … Sie merken, dass Sie Ihre körperlichen Ressourcen zu stark strapazieren und Sie mehr Ruhe und Entspannung benötigen.
- … Sie den Eindruck haben, Ihren Körper lange Zeit vernachlässigt zu haben.
- … Ihnen Sinnesfreude und Genuss im Leben fehlt.
- … Sie sich finanziell übernommen haben.
- … Sie vor einer wichtigen Entscheidung stehen, bei der es um den Einsatz von materiellen Ressourcen geht.

Die Jagd nach Materiellem lässt Ihre Energie stagnieren

Nicht immer wertschätzen wir unseren Körper ausreichend, sondern muten ihm sehr viel zu. Wir arbeiten zu viel, essen zu viel, trinken zu viel, schlafen zu wenig. Auch mit materiellen Dingen gehen wir nicht selten verschwenderisch um. Manche Menschen glauben, ihr Besitz dokumentiere, wie viel sie wert seien. Was sie haben, verwechseln sie mit dem, was sie sind. Der Preis, den sie dafür zahlen, ist hoch: Sie ketten sich an die Materie – und die Energie, die in ihnen fließt, muss stagnieren.

Auch Geiz und Genussfeindlichkeit blockieren den Energiefluss

Andere wiederum gönnen sich gar nichts, quälen ihren Körper in Fitnessstudios und versuchen verzweifelt, einem oft unerreichbaren Schönheitsideal nachzueifern, das ihnen von außen vorgegeben wird. Dabei entfremden sie sich immer mehr von dem, was ihnen wirklich guttut. Übertriebener Körperkult und Schönheitswahn bringen den natürlichen Energiefluss ebenso zum Erliegen wie das andere Extrem. In Bezug auf materielle Dinge äußert sich dies in Geiz und Genussfeindlichkeit.

Gehen Sie behutsam mit Ihren Ressourcen um

Ob wir unseren Körper nun ausbeuten oder kasteien – weder das eine noch das andere Verhalten ist ein Kennzeichen von Liebe zum Körper und zu materiellen Dingen. Denn es geht um das Gleichgewicht, um den behutsamen Umgang mit unseren Ressourcen. Es geht nicht um Reichtum, sondern um das Gefühl, ein reiches Leben zu leben. Es geht auch nicht um das Anhäufen von Luxusgütern, sondern um die Freude an den schönen Dingen des Lebens. Und es geht nicht um Status, sondern um das Gefühl, genau so viel zu haben, dass unser Leben lebenswert ist und wir es genießen können.

Der erste Schritt: Sich etwas Gutes tun

Die Anforderungen des alltäglichen Lebens werden immer größer, viele von uns stehen ständig unter Druck und Stress. Dabei vergessen wir oft, dass Lebensqualität nicht etwas ist, das wir vielleicht irgendwann einmal erreichen, wenn wir uns nur genügend anstrengen. Lebensqualität ist etwas, das wir auch im Hier und Jetzt erleben sollen und dürfen! Wann haben Sie sich eigentlich das letzte Mal etwas Gutes gegönnt? Wenn dies schon länger als einen Monat her ist, dann sollten Sie unbedingt die nachfolgende Übung machen:

Notieren Sie drei Dinge, die Ihnen ohne großen Aufwand körperliches Wohlbefinden bereiten. Zensieren Sie sich nicht! Es ist alles erlaubt – ob eine Extraportion Eis, ein morgendlicher Spaziergang am Fluss, die Füße hochlegen und die Lieblingsmusik aufdrehen oder das spontane Schäferstündchen mit Ihrem Liebsten …

1. ______________________________
2. ______________________________
3. ______________________________

Dann zücken Sie Ihren Terminplaner und suchen sich in den nächsten drei Tagen einen festen Termin aus, an dem Sie sich einem dieser Wünsche nach Herzenslust hingeben. Sie haben keine

Zeit? Gilt nicht! Notieren Sie hier die Verabredung mit sich selbst:

Am ________ von ______ bis _____ Uhr bin ich mit mir verabredet, um mir etwas Gutes zu tun, und zwar

Machen Sie diese Verabredung mit sich selbst zu einer guten Gewohnheit – mindestens einmal in der Woche sollte für die Liebe zur Materie und zum Körper Zeit sein.
Eine solche Verabredung mit sich selbst können Sie selbstverständlich auch auf andere Menschen ausdehnen. Gerade in diesem Bereich stärken wir die Lebensfreude und die Freude am Genuss durch das Miteinander mit geliebten Menschen. Wenn Sie also ein wenig Übung darin bekommen haben, sich mit sich selbst zu verabreden, dann laden Sie nach und nach auch andere dazu ein, diese Augenblicke von Lebensqualität im Hier und Jetzt mit Ihnen zu teilen. Sie werden merken, wie viel Weisheit hinter dem Sprichwort steckt: Geteilte Freude ist doppelte Freude. Gerade wenn Sie ein Mensch sind, dessen Motivation in der Gemeinschaft von Gleichgesinnten steigt, sollten Sie möglichst bald diese Option für sich nutzen. Ein zusätzlicher Effekt: Wenn Sie sich mit anderen verabreden, kommen Sie der selbst gesetzten Verpflichtung nicht so leicht aus …

Feng-Shui-Tipp für den Herzenswunsch Körper und Materie

Wenn Sie die Erfüllung dieses Herzenswunsches durch praktisches Feng Shui unterstützen möchten, dann gestalten Sie den entsprechenden Bereich der Ba Gua in einem Raum, den Sie besonders mit den Themen Körper und Materie verbinden (z. B. das Badezimmer), mit Grünpflanzen. Hier eignen sich besonders Pflanzen mit fleischigen Blättern und üppigem Wuchs wie etwa der Geld- oder Gummibaum. Auch die Küche als Ort der Zubereitung unserer Nahrung ist geeignet: Dekorieren Sie hier mit Grünpflanzen, die rote Blüten tragen, oder schmücken Sie grüne Zweige mit rotem Dekor.

Die Liebe zum Erfolg

Erfolg stärkt unser Selbstbewusstsein. Mit jedem Problem, das wir bewältigen, wachsen wir innerlich und fühlen uns großartig. Erfolg setzt Glückshormone frei und lässt uns vorangegangene Strapazen schnell wieder vergessen. Erinnern Sie sich, als Sie das letzte Mal den Kick des Erfolgreichen gespürt haben? Vielleicht haben Sie etwas gewagt, das Sie an Ihre Grenzen gebracht hat. Möglicherweise haben Sie sogar Angst verspürt, als es darum ging, den alles entscheidenden Schritt zu tun. Und dennoch – Sie haben es geschafft!
Es ist dieser Kick, den viele Menschen suchen, wenn sie sich in Abenteuer stürzen, wenn sie sich von meterhohen Brücken an einem Bungee-Seil hinabstürzen oder ihre körperlichen Grenzen in einem Marathon ausloten. Andere grübeln tagelang über einem komplizierten Experiment oder stellen sich schwierigen Prüfungen – nur um am Ende mit dem Erfolg belohnt zu werden, etwas geschafft und sich selbst überwunden zu haben. Dieser Herzenswunsch ist aktuell, wenn …

- … Sie ein Projekt in Angriff nehmen wollen und Ihnen noch das nötige Selbstvertrauen fehlt.
- … Sie vor einer Prüfung stehen und Angst haben, Sie könnten versagen.
- … eine Herzensangelegenheit nicht so ausgegangen ist, wie Sie sich das vorgestellt haben, und Sie neue Kraft schöpfen möchten statt zu resignieren.
- … Sie den Eindruck von sich haben, Sie würden zu wenig von sich zeigen und Ihr Licht unter den Scheffel stellen.
- … Sie gerne mehr Anerkennung für Ihre Leistungen bekommen möchten.
- … Sie feststellen, dass Sie sich von der Anerkennung durch andere abhängig gemacht haben.
- … Ihnen Leistung wieder Freude bereiten soll.

Liebe zum Erfolg setzt Selbstliebe voraus

Die Liebe zum Erfolg bringt uns im Leben weiter. Sie schenkt uns Vertrauen in die Zukunft und gibt uns die Zuversicht, dass wir es schaffen können. Diese Liebe lässt uns spüren, dass uns alle Möglichkeiten der Welt offenstehen und wir nur mutig genug sein müssen, um sie zu ergreifen. Beim Erfolg geht es jedoch nicht nur um das Überwinden persönlicher Grenzen, sondern auch um den Gewinn von Ansehen. Erfolgreiche Menschen genießen einen höheren Status in der Gesellschaft. Wer sich um Erfolg bemüht, demonstriert vor sich und anderen, dass er daran glaubt, sein Potenzial entwickeln und mehr aus sich selbst machen zu können. Liebe zum Erfolg bedeutet daher auch Liebe zu sich selbst und seinen Möglichkeiten. Mit dieser Grundhaltung wird jedes Hindernis nicht zu einem Problem, sondern zur nächsten Chance, noch mehr aus sich herauszuholen und zu wachsen.

Wenn Erfolg zur Droge wird

Erfolg kann aber auch zur Droge werden. Nicht wenige Menschen suchen eine Bestätigung nach der anderen und verwechseln Erfolg mit Prestige. Prestige ist jedoch nur eine Hülle, die uns kaum zufriedenstellen kann. Echter Erfolg lässt uns mit einem Hochgefühl zurück, und wir fühlen uns trotz großer Erschöpfung voller Kraft. Prestige jedoch geschieht aus Kalkül und hat nichts mit Liebe zum Erfolg zu tun – es schmückt sich lediglich mit dessen Federn, während das dahinterliegende Gefühl die Angst vor dem Verlust der Anerkennung ist. Wer nach Prestige sucht, will nichts riskieren. Liebe zum Erfolg heißt aber auch, alles aufs Spiel setzen zu können – und das Risiko des Scheiterns in Kauf zu nehmen. Darum ist Erfolg immer auch mit der Fähigkeit zum Scheitern verbunden. Wer den Erfolg liebt, hat keine Angst davor zu scheitern. Und wenn er scheitert, dann bringt ihn die Liebe zum Erfolg schnell wieder auf die Beine. Prestige ist das Gegenteil davon, denn es haftet am einmal Erreichten und blockiert damit jede Form von kreativer Energie.

Wenn die Angst überwiegt

Andere wiederum haben so viel Angst vor dem Scheitern, dass sie gar nicht erst in Erwägung ziehen, auch erfolgreich sein zu können. Erfolg haben nur die anderen – und sie selbst müssen ihr Dasein im Schatten fristen. Diese Haltung führt unweigerlich zu falscher Bescheidenheit und Selbstmitleid und damit zum Verlust jeglicher Achtung vor sich selbst. Liebe zum Erfolg hingegen lässt uns aufblühen und gibt unserem Leben einen Sinn.

Der erste Schritt: Loben Sie sich selbst!

Bestimmt kennen Sie diesen Spruch: »Eigenlob stinkt.« Glauben Sie das nicht! Erfolgreiche Menschen sind stolz auf das, was sie erreicht haben – und zeigen das auch. Wann haben Sie sich das letzte Mal auf die Schulter geklopft und im Brustton der Überzeugung zu sich gesagt: »Das hast du gut gemacht!« Wenn der Test Sie zu diesem Herzenswunsch geführt hat, dann liegt das bestimmt schon eine Weile zurück. Folgende Übung hilft Ihnen, sich selbst und Ihren Leistungen wieder mehr Wertschätzung entgegenzubringen:
Erinnern Sie sich an drei Dinge, die Sie in letzter Zeit erfolgreich zu Ende gebracht haben – es spielt keine Rolle, wie bedeutsam sie waren, wichtig ist nur, dass Sie stolz auf sich waren, es ge-

schafft zu haben: die letzte Steuererklärung, die Sie schon monatelang vor sich hergeschoben haben, die große Aufräumaktion im Keller, Ihre Wortmeldung auf der letzten Betriebsversammlung etc. Worauf also können Sie stolz sein?

1. ______________________________
2. ______________________________
3. ______________________________

Und jetzt überlegen Sie: Angenommen, jemand anderes hätte diese Leistungen vollbracht – was würden Sie zu ihm sagen? Auf welche Weise würden Sie ihm Ihre Anerkennung zeigen? Notieren Sie für jedes Beispiel, wie Sie Ihrem Lob Ausdruck verleihen würden:

1. ______________________________
2. ______________________________
3. ______________________________

Und jetzt sind Sie dran. Stellen Sie sich vor einen Spiegel, sehen Sie sich in die Augen und sagen Sie genau das zu sich selbst, was Sie soeben notiert haben, und zwar laut und deutlich! Beobachten Sie sich selbst: Sie werden merken, wie sich Ihr Gesichtsausdruck verändert – und schneller, als Sie es sich jetzt vorstellen können, zaubert diese Übung das strahlende Lächeln eines Gewinners auf Ihre Lippen. Machen Sie diese Übung zu einer festen Gewohnheit. Lassen Sie am Abend Ihren Tag Revue passieren und loben Sie sich hemmungslos für alles, was Sie gut gemacht haben!

Feng-Shui-Tipp für den Herzenswunsch nach Erfolg

Der Bereich der Ba Gua, der diesem Herzenswunsch zugeordnet wird, heißt in der Tradition des Feng Shui auch »Feuer« – und entsprechend sollten Sie ihn in einem Raum, den Sie mit Ihrem Wunsch nach Erfolg am ehesten verbinden, auch gestalten. Alle Feuer-Symbole sind dort willkommen: das Bild einer Sonne, eine helle Lichtquelle, Kerzen. Erinnerungen an Erfolge, die Sie bereits für sich verbuchen konnten, sind ideal für diesen Bereich: Urkunden, Pokale und Zeugnisse. Nützlich ist auch, sich motivierende Sätze und Sinnsprüche dort aufzuhängen.

Die Liebe zum Partner

Liebe und Partnerschaft – für den Großteil der Menschen ist dies die stärkste und nahe liegendste Assoziation. Wenn wir an Liebe denken, dann wird bei den meisten das Bild zweier in Partnerschaft verbundener Menschen vor dem geistigen Auge auftauchen. Doch wann gründet eine Partnerschaft wirklich auf Liebe?

Liebe ist das Fundament des Lebens. Ohne Liebe gibt es keine Verbundenheit zwischen Menschen, und der Wunsch nach Liebe ist es, der uns danach sehnen lässt, das Leben mit einem anderen Menschen zu teilen. Die Liebe zum Partner wird getragen von unserem innigen Wunsch nach Zuneigung, Wärme und Geborgenheit in der Zweisamkeit. Einfühlsam und zärtlich miteinander umzugehen – das ist die Grundlage für das Vertrauen in jeder Beziehung. Der Herzenswunsch nach Liebe und Partnerschaft ist aktuell, wenn …

- … Sie sich gerade frisch verliebt haben und sich nun wünschen, dass eine dauerhafte Beziehung daraus entsteht.
- … Sie in Ihrer Partnerschaft in eine Krise geraten sind.
- … Sie das Miteinander mit Ihrem Partner stärken wollen.
- … Partnerschaft zurzeit Ihr sehnlichster Wunsch ist.
- … Sie sich Zweisamkeit, Geborgenheit und Nähe wünschen.
- … Sie merken, dass Bedingungen, die Sie an die Partnerschaft stellen, Ihre Beziehung belasten.
- … Sie feststellen, dass Sie oft viel zu schnell die Bedingungen anderer akzeptieren und Ihre eigenen Bedürfnisse dabei zu kurz kommen.
- … Sie für sich und Ihren Partner ein Stück mehr Freiheit in der Beziehung wollen.

Liebe ist das Fundament jeder Partnerschaft

Liebe ist die Quelle der Kraft, das Leben gemeinsam zu meistern. Liebe ist viel mehr mehr als nur ein Gefühl – sie ist ein menschliches Grundbedürfnis. Und die Frage des Partners »Liebst du mich?« ist weniger eine Frage nach der Echtheit der Gefühle, sondern zeugt von der Sorge, dass dieses Bedürfnis in der Beziehung irgendwann nicht mehr erfüllt werden könnte.

Viele übersehen, dass es nicht den einen »richtigen« Weg gibt, um seiner Zuneigung und seinem Vertrauen seinem Partner gegenüber Ausdruck zu verleihen. Vielleicht erwarten wir, dass der andere dieses oder jenes tut oder in Worten formuliert, damit wir uns seiner Liebe sicher sein können. Doch die Wege der Liebe sind so vielfältig wie die Menschen selbst – nur das Bedürfnis ist immer das gleiche.

Wenn wir uns unserer Gefühle nicht sicher sind

Vielleicht sind Sie sich über Ihre Gefühle für jemanden nicht im Klaren, oder vielleicht fällt es Ihnen generell schwer, den Kontakt zu sich und anderen auf der Ebene der Gefühle aufrechtzuerhalten. Immer dann, wenn wir lange allein gelebt haben, wird Liebe zu etwas übermenschlich Großem – etwas, von dem wir fürchten, dass wir es niemals erreichen können. In Zeiten, in denen wir dies glauben, können wir diesen Herzenswunsch stärken, denn er zeigt uns, dass Liebe jedem offen steht, der bereit ist, sich ihr zu öffnen.

Wenn wir Liebe mit Abhängigkeit verwechseln

Liebe entsteht, wenn zwei Menschen füreinander da sind – und nicht, wenn ich davon ausgehe, dass der andere für mich da ist. Manchmal verwechseln wir auch Liebe mit Abhängigkeit. Wir glauben, dass wir erst dann glücklich sind, wenn der andere voll und ganz für uns da ist und sein eigenes Leben aufgibt. Dann wird aus der Liebe sehr schnell Eifersucht, denn jedes Bestreben des anderen, sein eigenes Leben zu führen, wird als Verlust von Liebe gewertet. »Die Liebe ist ein Kind der Freiheit«, heißt es. Nur wenn wir uns im Klaren sind, dass echte Liebe zum Partner an keine Bedingungen geknüpft ist, kann die Energie zwischen uns fließen.

Wenn wir meinen, uns Liebe verdienen zu müssen

Andere Menschen wiederum betrachten Liebe als etwas, was man sich erst verdienen muss. Sie tun alles, um in den Augen ihres Gegenübers liebenswert zu erscheinen. Sie glauben nicht, dass sie so, wie sie sind, geliebt werden können. Während die einen Bedingungen an ihren Partner stellen und ununterbrochen nach Liebesbeweisen verlangen, unterwerfen sich andere den vermeintlichen Bedingungen des Partners – vermeintlich deshalb, weil sie es selbst sind, die sich abwerten und dies nur auf ihren Partner projizieren. Ob wir nun selbst die Bedingungen stellen oder wir uns den Bedingungen anderer unterordnen: in beiden Fällen hat dies nichts mit Liebe zu tun.

Der erste Schritt: Komplimente machen

Komplimente, so will es die Wissenschaft entdeckt haben, sind nicht nur eine freundliche Nettigkeit, sondern sie machen auch noch glücklich und gesund. Der schwedische Arzt Lars Lindstroem hat dies in Langzeitstudien herausgefunden. Würden wir einander mehr und öfter Komplimente machen, würden viele Menschen weniger krank, denn aufmunternde Worte vermehren die Neurotransmitter im Gehirn, die den Stress bekämpfen. Unser Stoffwechsel und damit der ganze Körper wird dadurch positiv beeinflusst: die Augen leuchten, wir strahlen und sehen frischer aus.

Komplimente zu machen stärkt auch denjenigen, der sie verteilt. Das positive Feedback, das wir erhalten, wenn wir ehrliche (Ehrlichkeit und schnörkellose Formulierungen sind das A und O) Komplimente machen, stärkt unser Selbstbewusstsein – auch wir fühlen uns gleich besser. Wir gewinnen an Ausstrahlung, und dies wiederum macht uns für andere noch attraktiver. Wer Komplimente macht, zeigt, dass er charmant und liebevoll sein kann.

Verteilen Sie Komplimente auch an Menschen, die Sie nicht so gut oder sogar gar nicht kennen! Was spricht dagegen, einer Kassiererin im Supermarkt zu sagen, dass Sie wunderschöne braune Augen hat? Oder Ihrem Kollegen, dass ihm die Farbe seines Hemdes ganz ausgezeichnet steht? Versuchen Sie es! Wenn Sie einmal damit angefangen haben, werden Sie nicht so schnell wieder damit aufhören.

Überlegen Sie: Welchen drei Personen in Ihrer Umgebung möchten Sie in den nächsten drei Tagen unbedingt ein Kompliment machen?

1. ______________________
2. ______________________
3. ______________________

Feng-Shui-Tipp für den Herzenswunsch nach Beziehung

Um sich auch auf einer äußeren Ebene mit Energie für die Erfüllung dieses Herzenswunsches zu versorgen, gestalten Sie das »Partner«-Feld der Ba Gua entsprechend. Dadurch stärken Sie Ihre Fähigkeit, sich anderen zu öffnen. Vor allem stabile Gegenstände aus Stein oder Ton stützen diesen Wunsch, z. B. eine bauchige Tonvase mit roten Blumen oder schönen Flusskieseln. Ordnen Sie paarweise rote Kerzen in diesem Bereich an. Der ideale Raum für die Anwendung dieser Symbole ist das Schlafzimmer, aber auch jeder andere Raum, in dem Sie sich mehr von dieser Energie wünschen, ist geeignet.

Die Liebe zu Kindern und zur Kreativität

Vielleicht sollte dieser Bereich besser genannt werden: Liebe zu dem, was wir selbst hervorbringen, denn es sind nicht nur unsere Kinder im wörtlichen Sinne gemeint, sondern auch die »Kinder« unserer Kreativität und die Früchte unserer Anstrengungen. Das zu lieben, was wir hervorgebracht haben, hat weitreichende Konsequenzen. Es setzt zum einen voraus, dass wir etwas hervorbringen wollen, dass wir schöpferisch aktiv werden wollen, und zum anderen bedeutet es, dass wir auch bereit sind, dafür die Verantwortung zu übernehmen. Seine Kinder zu lieben hat also immer zwei Seiten: Kreativität und Verantwortung. Dieser Herzenswunsch ist aktuell, wenn …

- … Sie Ihre kreative Ader entdecken möchten.
- … Sie mehr Farbe und mehr Abwechslung in Ihrem Leben suchen.
- … Sie nach neuen kreativen Impulsen und Inspirationen für Ihre Arbeit suchen.
- … Sie sich ausleben wollen und zeigen wollen, was in Ihnen steckt.
- … Sie viele gute Ideen haben, aber sich schwertun, sie umzusetzen.
- … das Chaos Ihrer Kreativität Sie immer wieder fest im Griff hat.
- … Ihnen Klarheit im Umgang mit Ihrer schöpferischen Seite fehlt.
- … Sie sich Kinder wünschen.
- … Sie das Verhältnis zu Ihren Kindern verbessern möchten.

Wenn Sie Ihr kreatives Potenzial noch nicht optimal nutzen

Einige Menschen verwechseln Kreativität mit Produktivität. Sie setzen auf Masse statt Klasse und überhäufen ihre Umwelt mit Ideen und Projekten. Nur wenig davon aber setzen sie wirklich um – und das führt auf Dauer zu Frustration. Andere wiederum ersticken ihre Kreativität in Realismus. Sie fangen gar nicht erst an, etwas hervorzubringen, wenn sie nicht minutiös alles geplant und jede Unwägbarkeit ausgeschlossen haben. Sie scheuen das Risiko, dass etwas schiefgehen könnte und sie dann die Verantwortung zu übernehmen haben. Aus diesem Grunde werden sie erst gar nicht schöpferisch, weil sie sich in düsteren Farben ausmalen, wie sie mit den Konsequenzen ihrer Kreativität leben müssen.

Zur Balance aus Kreativität und Verantwortung finden

Weder das eine noch das andere hat etwas mit der Liebe zu seinen Kindern zu tun. Wer seine geistigen oder wirklichen Kinder in die Welt setzen will, der muss ein Gleichgewicht finden zwischen Kreativität und Verantwortung. Er muss sich dem Wagnis des

Schöpferischen anvertrauen und zugleich bereit sein, für die Konsequenzen geradezustehen.

Der erste Schritt: Entdecken Sie die Kreativität im Alltag

Die schöpferische Seite in sich zu entdecken – das ist der erste Schritt, um in dem Lebensbereich, der durch das Feld »Kinder« bezeichnet wird, etwas zu verändern. Aber wie wird man kreativ? Ganz einfach – indem man kreativ ist. Kreativität steckt in den unscheinbarsten Gelegenheiten des Alltags. Hier nur eine kleine Auswahl, wie Sie die nächsten Tage damit verbringen können, den Künstler in sich zu wecken – auf ganz leichte und spielerische Weise:

- **Zaubern Sie ein Menü:** Machen Sie jetzt gleich den Kühlschrank auf und prüfen Sie Ihre Vorräte – und setzen Sie sich die Aufgabe, aus dem, was Sie finden – und nur daraus! – ein leckeres Mahl zuzubereiten. Lassen Sie sich überraschen, was Ihnen einfallen wird.
- **Lassen Sie sich vom Internet inspirieren:** Setzen Sie sich an den Computer und beginnen Sie zu surfen – geben Sie einen x-beliebigen Begriff in die Suchmaschine ein. Auf welche interessanten Seiten stoßen Sie? Was reizt Sie, mehr darüber zu erfahren? Was motiviert Sie, aktiv zu werden? Alternativ können Sie auch in Zeitschriften blättern oder in Büchern stöbern.
- **Gehen Sie neue Wege:** Machen Sie etwas anders! Kreative Ideen entstehen dann, wenn wir unserem Geist erlauben, neue Wege zu gehen. Das kann schon mit so einfachen Kleinigkeiten beginnen, wie die Zahnbürste beim Zähneputzen mit der anderen Hand zu halten. Oder nehmen Sie doch gleich das nächste Mal, wenn Sie zur Arbeit gehen, einen anderen Weg. Sie werden sehen, wie dies Ihre Kreativität stimulieren wird.
- **Verlieren Sie sich in Tagträumereien:** Nichts ist kreativer, als sich seinen Tagträumen hinzugeben. Am besten legen Sie sich bequem auf die Couch, legen Ihre Lieblings-CD ein und beginnen, vor sich hin zu träumen. Lassen Sie die Bilder einfach vor Ihrem geistigen Auge aufsteigen und versuchen Sie nicht, sie zu kontrollieren. Wenn ein interessantes Bild auftaucht, dann beginnen Sie ruhig, eine Geschichte daraus zu spinnen. Verweben Sie die Bilder Ihrer Tagträume zu spannenden Erzählungen – das ist besser als jedes Kino!

Die Liebe zu Freunden

Freundschaft ist eine häufig unterschätzte Form der Liebe. Aber überlegen Sie: Wie lange kennen Sie Ihren Partner schon – und wie lange Ihre besten Freunde? Nicht selten haben un-

Feng-Shui-Tipp für den Herzenswunsch nach Kreativität

Unterstreichen Sie Ihren Wunsch, indem Sie den Qi-Fluss in einem Raum verbessern, den Sie in Bezug auf Kinder und Kreativität für besonders wichtig erachten. Das kann Ihr Arbeitsplatz sein, wenn es um das Stärken Ihrer schöpferischen Seite geht, und natürlich das Kinderzimmer, wenn es im ganz konkreten Fall um Ihren Nachwuchs geht. Auch das Wohnzimmer ist ein geeigneter Ort. Wenn Sie in einem dieser Räume das Feld »Kinder« der Ba Gua ausfindig gemacht haben, können Sie es durch gezielte Gestaltung aufwerten. Ideal in diesem Bereich sind alle runden Formen: Kugeln aus Stein, Marmor, Kristall oder Metall.

sere Freunde unser Leben viel länger begleitet als unsere Partner. Freundschaften basieren oft auf einem noch selbstverständlicheren Vertrauen als Liebesbeziehungen. Dieser Herzenswunsch ist aktuell, wenn …

- … Sie Unterstützung von außen brauchen, weil Sie das Gefühl haben, es nicht alleine schaffen zu können.
- … Sie Freundschaften wieder mit neuem Leben erfüllen wollen.
- … Sie Hilfe brauchen, aber nicht wissen, an wen Sie sich wenden sollen.
- … Sie wieder Vertrauen haben möchten, dass das Leben es gut mit Ihnen meint.
- … Sie Zwistigkeiten im Freundeskreis belasten.
- … Sie nach neuen Kontakten für ein Projekt suchen.
- … Sie Ihren Freundeskreis erweitern wollen.

Freunde geben Halt und Unterstützung

Freunde sind für uns da, wenn wir sie brauchen, und zögern nicht, alles für uns stehen und liegen zu lassen, wenn es uns einmal nicht gutgeht und wir ihre Hilfe brauchen. Im Gegensatz zur Partnerschaft spielen Freunde aber im Alltag eine weniger sichtbare Rolle.
Während uns unser Partner in jeder Facette unseres Lebens zur Seite steht und wir oft von ihm erwarten, dass er die meiste Zeit mit uns verbringt, ist es ein

Merkmal von Freundschaften, dass sie über weite Entfernungen aufrechterhalten werden können und auch lange Zeitabstände vertragen. Wenn wir dann einen alten Schulfreund wiedertreffen, kann es sein, dass wir ganz unvermittelt an genau derselben Stelle wieder anknüpfen, an der wir vor zehn Jahren aufgehört haben. Freundschaften erweisen sich oft als erstaunlich stabil.

Auch Freundschaften müssen gepflegt werden

Unsere Freunde bilden ein Netz, auf das wir uns verlassen können, auch wenn wir nicht pausenlos an sie denken oder ihnen ununterbrochen unsere Aufwartung machen. Dennoch ist Freundschaft nichts Selbstverständliches, sondern auch sie muss gehegt und gepflegt werden. Sicherlich haben auch Sie schon einmal erlebt, wie sie nach Jahren einen Jugendfreund wiedergetroffen haben und feststellen mussten, dass er sich sehr verändert hat. Aus dicken Freunden können mit der Zeit Fremde werden.

Freunde schenken uns Mut und Vertrauen

Dieser Herzenswunsch schließt nicht nur Freunde im engeren Sinne ein, sondern auch alle, die jemals für uns da waren und uns zur Seite standen. Das können Verwandte und Bekannte sein, die ohne zu zögern ihre Hilfe angeboten haben, als wir sie einmal benötigten. Es kann aber auch der unbekannte Wohltäter sein, der wie zufällig genau an der richtigen Stelle und zur rechten Zeit da war – vielleicht bei einem Unfall. Die Liebe zu Freunden umfasst in einem weiteren Sinn unser Vertrauen darin, dass die Welt es gut mit uns meint und dass uns Hilfe zuteil wird, wenn wir offenbleiben und darum bitten. Die Liebe zu Freunden nimmt uns den Zweifel und gibt uns Mut, denn sie schenkt uns die Gewissheit, dass wir nicht alleine sind.

Der erste Schritt: Sich für das Gute im Leben öffnen

Im Matthäus-Evangelium heißt es: »Wer bittet, der empfängt, und wer sucht, der findet, und wer anklopft, dem wird aufgetan.« Diese Verse offenbaren ein fundamentales Lebensprinzip: Wer sich den positiven Seiten des Lebens öffnet, kann darauf vertrauen, dass ihm Gutes widerfährt. Vielleicht sind Sie auf diesen Herzenswunsch gestoßen, weil Ihnen dieses Vertrauen zurzeit fehlt, weil Sie das Gefühl haben, dass das Leben es nicht gut mit Ihnen meint. Im Sinne dieses Prinzips wäre die erste Voraussetzung für eine positive Veränderung, dass Sie sich in eine Haltung der völligen Offenheit dem Leben gegenüber begeben und Ihr Bedürfnis nach Unterstützung und Hilfe als Bitte

formulieren – wohlgemerkt als Bitte und nicht als Forderung!
Überlegen Sie: In welchen drei Situationen in Ihrem Leben haben Sie zurzeit das Bedürfnis nach Unterstützung? Schreiben Sie diese drei Themen in einer möglichst konkreten Bitte auf und beginnen Sie diese mit einem Satz wie »Ich wünsche mir, …« Überprüfen Sie beim Schreiben, ob Sie wirklich bereit sind, auch ein »Nein« auf Ihre Bitte zu akzeptieren.

1. ______________________________
2. ______________________________
3. ______________________________

Jetzt stellen Sie sich vor, wie Sie diese drei Bitten in eine schöne Schatulle legen, in eine Schatztruhe oder ein anderes Gefäß, das in Ihrer Fantasie einen würdigen Aufbewahrungsplatz darstellt. Stellen Sie sich im Geiste einen Menschen vor, von dem Sie sagen würden, dass er für Sie Freundschaft in seiner reinsten Form verkörpert, und übergeben Sie diesem diese Wunschkiste. Bitten Sie ihn, diese für Sie zu verwahren. Und dann heißt es abwarten. Viele Menschen berichten, dass es nicht lange gedauert hat, und sie bekamen auf ganz erstaunliche und unerwartete Weise genau die Unterstützung, die sie sich gewünscht hatten – meist zu einem Zeitpunkt, zu dem sie es am wenigsten erwartet haben. Lassen Sie sich überraschen – und vergessen Sie nicht, sich zu bedanken!

Feng-Shui-Tipp für den Herzenswunsch nach Freundschaft

Sie können die Bereitschaft, sich dem Guten im Leben zu öffnen, zusätzlich stärken, indem Sie den entsprechenden Bereich der Ba Gua in einem Raum gezielt gestalten. Es sollte ein Raum sein, in den Sie sich gern zurückziehen. Das kann ein Winkel in Ihrem Wohnzimmer sein, aber auch Ihr Schlafzimmer. Symbole, die das Qi in diesem Bereich fördern, können rund sein, z. B. eine Glas- oder eine Kristallkugel. Auch eine Fotografie des Himmels, insbesondere des Sternenhimmels, unterstreicht die Idee dieses Bereichs. Eine dunkelblaue Vase mit weißen Blumen betont die Bedeutung ebenso wie Gegenstände aus Metall.

Die Liebe zum Beruf

Haben Sie Ihren Traumberuf gefunden? Arbeiten Sie in einem Job, den Sie so gern ausüben, dass Sie es kaum erwarten können, an Ihren Arbeitsplatz zu kommen? Fühlen Sie sich am Ende eines Arbeitstages bereichert und in Ihrer Entwicklung herausgefordert? Wenn Sie diese Fragen mit Ja beantworten können, dann sind Sie dem, was ich die Liebe zum Beruf nenne, vermutlich schon sehr nahe. Dieser Herzenswunsch ist aktuell, wenn …

- … Sie sich beruflich verbessern wollen.
- … Sie sich für einen Job bewerben.
- … Sie ein Jobangebot bekommen, das Ihr Leben auch in anderen Bereichen beeinflussen wird.
- … Sie gerade arbeitslos sind und nach neuer Orientierung suchen.
- … Sie den Kontakt zu Ihren Potenzialen verloren haben.
- … Sie mehr über Ihre Talente und Begabungen herausfinden möchten.
- … Sie den Wunsch haben, Ihre Individualität stärker in die Gesellschaft einzubringen.

Arbeiten Sie noch, oder haben Sie schon Ihre Berufung gefunden?

Dabei müssen Sie sehr klar unterscheiden zwischen Arbeit und Beruf. Im Idealfall stimmt beides überein: das, was ich tue, um meine Brötchen zu verdienen, ist zugleich auch meine Berufung. Leider leben wir in einer Kultur, in der finanzielle Aspekte und Prestigedenken bei der Berufswahl im Vordergrund stehen. So wird der Künstler zum Rechtsanwalt und der Musiker zum Banker. Seiner Berufung zu folgen erfordert offensichtlich Mut und Selbstvertrauen. Sich selbst zu verwirklichen ist ein Abenteuer mit oft ungewissem Ausgang – wir müssen bereit sein, auf Sicherheiten und Annehmlichkeiten zu verzichten. Und was bekommen wir dafür? Nichts Geringeres als ein sinnerfülltes Leben in der Gewissheit, unser Potenzial ausgeschöpft zu haben. Wer seinen Beruf liebt, weiß, dass er damit einer höheren Aufgabe dient und dass diese Liebe zum Beruf seine Fortsetzung in den Dingen finden wird, die er dadurch in die Welt setzt. Seine Berufung zu leben heißt auch, seinen einzigartigen Auftrag in der Welt zu erfüllen, um diese Welt auf die ganz eigene Weise zu einem Platz zu machen, an dem es sich noch ein Stückchen besser leben lässt – und zwar für alle.

Der erste Schritt: Was Sie schon immer mal werden wollten

Erinnern Sie sich? In unserer Kindheit hatte jeder von uns einen Traumberuf! Die eine wollte Tierärztin werden, der andere Pilot, wieder andere berühmte Schauspieler. Sehr wahrscheinlich sind wir nicht genau das geworden, was wir uns damals in unserer kindlichen Fantasie ausgemalt haben. Aber diese Wunschträume sind dennoch kostbar: sie zeigen uns, dass wir schon sehr früh eine Vorstellung davon in uns getragen haben, welchen Platz wir in dieser Welt einmal einnehmen wollen. Diese Kostbarkeit ist über all die Jahre nicht verlorengegangen! Mit der folgenden kleinen Übung können Sie diesen Schatz heben:

Erinnern Sie sich: Was wollten Sie als Kind einmal werden? Es kann sein, dass Sie mehrere Traumberufe hatten, dann schreiben Sie zunächst den auf, den Sie für den typischsten halten.

Mein kindlicher Traumberuf:

____

Jetzt notieren Sie drei positive Eigenschaften, die Sie mit diesem Traumberuf verbinden.

1. __________________________
2. __________________________
3. __________________________

Überlegen Sie weiter: Wenn Sie sich in Ihrem gegenwärtigen Beruf verbessern möchten, was können Sie tun, um in den nächsten drei Tagen etwas von diesen positiven Eigenschaften an Ihrem Arbeitsplatz zu verwirklichen? Wenn Sie über ein konkretes Jobangebot nachdenken, können Sie sich auch fragen: Bietet mir dieser Job mehr Möglichkeiten als mein gegenwärtiger Arbeitsplatz, diese Eigenschaften zum Ausdruck zu bringen?

Feng-Shui-Tipp für den Herzenswunsch nach Beruf und Berufung

In der Tradition des Feng Shui wird dieser Bereich dem Element Wasser zugeordnet. Entsprechend können Sie in einem Raum Ihres Zuhauses diesen Ort der Ba Gua gestalten. Stellen Sie z. B. in Ihrem Arbeitszimmer einen Zimmerbrunnen auf oder hängen Sie dort das Bild eines Wasserfalls auf. Auch ein Segelschiff – ob als Bild oder als Modell – unterstützt das Qi dieses Bereichs. Wer bereit ist, die nötige Zeit für die Pflege zu investieren, kann auch ein Aquarium aufstellen. Ansonsten sind Bilder von Fischen oder im Idealfall ein Fische-Mobile geeignet.

Die Liebe zum Wissen

Zu leben heißt zu lernen. Jede Erfahrung, die uns begegnet, ist immer auch eine Gelegenheit, unseren Horizont zu erweitern.
Diesem Umstand gegenüber können wir zwei Haltungen einnehmen: Wir begrüßen jede Erfahrung als eine Chance, unsere Persönlichkeit von einer neuen Seite zu erleben – oder wir vermeiden neue Erfahrungen, weil wir die Persönlichkeit, die wir aufgebaut haben, so stabil wie möglich halten wollen. Dieser Herzenswunsch ist aktuell, wenn ...

- ... Sie sich in Bezug auf Wissen unzulänglich fühlen.
- ... Sie das Gefühl haben, eigentlich viel zu wissen, aber sie keinen Nutzen für Ihr Leben daraus ziehen können.
- ... Sie immer wieder den gleichen Fehler machen und den Eindruck haben, nichts dazugelernt zu haben.
- ... Sie sich auf eine Prüfung vorbereiten wollen und sich nicht konzentrieren können.
- ... Sie an Reiz- und Informationsüberflutung leiden.
- ... Sie nach Selbsterkenntnis streben.
- ... Ihnen Ihre eigenen eingefahrenen Gewohnheiten auf den Geist gehen und Sie sich nach neuen Erfahrungen sehnen.

Wenn unser Wissensdurst unstillbar ist

Manche Menschen kennen nur den ersten Standpunkt und sind von morgens bis abends damit beschäftigt, Informationen zu sammeln und immer auf dem neuesten Stand zu sein.
Sie lieben es, ihre Neugier auszuleben, surfen im Internet, lesen jede Zeitschrift, die sie in die Finger bekommen können, lernen gern ununterbrochen neue Leute kennen, lesen stapelweise Bücher – und haben am Abend die Hälfte von dem, was sie erfahren haben, wieder vergessen. Was ihnen fehlt, ist die Tiefe des Wissens. Sie sind zwar offen für alles Neue, aber sie wollen sich dann nicht mehr weiter damit auseinandersetzen. Sobald sie es kennengelernt haben, sind sie auch schon wieder auf der Suche nach Informationsnachschub.

Wenn die Informationsfülle uns zu überfordern droht

Andere wiederum fühlen sich von jeder Neuigkeit erst einmal überfordert. Sie sehen sich durch neue Erkenntnisse in Frage gestellt und sind schnell verunsichert: Was ist jetzt richtig und was nicht? Lieber verlassen sie sich auf das Altbewährte und ignorieren Neuerungen. Dass sie sich dadurch von ihrer eigenen Entwicklung abschneiden und sich die Chance nehmen, ihre Persönlichkeit weiterzuentwickeln, ist ihnen oft nicht bewusst.

Genießen Sie das Entdecken und pflegen Sie Ihr Wissen

In beiden Fällen können wir nicht von einer Liebe zum Wissen sprechen: weder derjenige, der jede Information wie einen Wegwerfartikel betrachtet, noch der, der sich weigert, sich in seiner Weltsicht durch neue Erfahrungen bereichern zu lassen, befinden sich mit diesem Thema im Gleichgewicht.
Wissen braucht beides: die Lust, Neues zu entdecken und sich von der Vielfalt der Welt anregen zu lassen, aber auch die Freude daran, Wissen zu pflegen und es sinnvoll in das eigene Leben zu integrieren. Informationen sind wie Saatkörner. Wir müssen ihnen auch die Zeit geben, zu keimen und zu wachsen, damit sie eine Blüte tragen können. Das bedeutet: Liebe zum Wissen zeigt sich an der Freude, unsere Erkenntnisse zu vermehren und unsere Erfahrungen zu vertiefen, indem wir jede Information durch unsere Persönlichkeit erweitern.

Wie aus Wissen Weisheit wird

Wer diese Liebe zum Wissen in sich trägt, der kann die Welt mit immer neuen Augen betrachten und weiß intuitiv, welche Erfahrungen ihm jetzt guttun und welche Informationen er gerade braucht – er hat die Wahl. Die Liebe zum Wissen lässt unseren Erfahrungsschatz wachsen, macht uns zur lebendigen Verkörperung dessen, was wir wissen. Erst wenn unser Wissen in uns lebendig geworden ist, kann es zur Weisheit werden. Erst die Liebe zum Wissen macht uns zu weisen Menschen, die zum Quell der Inspiration auch für andere Menschen werden.

Der erste Schritt: Werden Sie neugierig

Neugier – das ist ein Wort, das für viele Menschen einen eher negativen Beigeschmack hat. Vielleicht denken wir an jemanden, der seine Nase in Angelegenheiten steckt, die ihn nichts angehen. Andererseits leben wir mittlerweile in einer Kultur, in der wir unseren Drang nach Wissen aus reiner Konvention zügeln: Wenn uns beispielsweise an einem Menschen etwas Besonderes auffällt, über das wir gern mehr wissen möchten, glauben wir, dass wir uns zurückhalten müssen, weil wir ja stören könnten. Anstatt zu fragen, wenn uns etwas interessiert, lassen wir die Chance, unseren Horizont zu erweitern, vorüberziehen. Warum eigentlich? Wenn uns die Informationen, die ein anderer zu bieten hat, in unserem eigenen Leben bereichern können – wieso sollten wir dann nicht auf einen anderen Menschen zugehen und ihn fragen: »Wie machst du das?«

Wenn Sie sich diese offene und neugierige Haltung gegenüber Ihren Mitmenschen angewöhnen, werden Sie feststellen, dass die wenigsten Menschen sich durch Ihr Interesse belästigt fühlen – im Gegenteil: sie werden sich sogar geehrt fühlen, denn eine solche Frage ist im Grunde Ausdruck echter Wertschätzung. Wer also seinen persönlichen Horizont erweitern möchte, der sollte sich nicht scheuen zu fragen! Die folgende kleine Übung kann Ihnen helfen, den Mut zu finden, Ihre Liebe zum Wissen durch mehr Neugier zum Ausdruck zu bringen:
Schreiben Sie den Namen dreier Menschen auf, von denen Sie gern etwas wissen möchten. Notieren Sie dazu, welche Frage Sie ihnen genau stellen möchten und auf welche Weise Sie glauben, von der Antwort profitieren zu können:

Person A: ______________________

Meine Frage: ______________________

Dies zu wissen, könnte mir helfen bei:

____

Person B: ______________________

Meine Frage: ______________________

Dies zu wissen, könnte mir helfen bei:

____

Person C: ______________________

Meine Frage: ______________________

Dies zu wissen, könnte mir helfen bei:

____

Feng-Shui-Tipp für den Herzenswunsch nach Wissen

Auch hier können Sie Ihrem Herzenswunsch durch Gestaltung Ihrer Umwelt noch mehr Ausdruck verleihen. Dazu wählen Sie einen Raum, der Ihnen in Bezug auf diesen Wunsch nahe ist und ermitteln den entsprechenden Bereich der Ba Gua. Das kann Ihr Arbeitsplatz sein, aber auch ein bestimmter Bereich in Ihrem Wohnzimmer. Stellen Sie dort Dinge auf, die ein gewisses Gewicht besitzen, z. B. eine Truhe oder Steine. Auch das Bild eines Berges unterstützt diesen Wunsch. Natürlich ist dieser Raum ein perfekter Ort, um alle Medien, die mit Wissen zu tun haben, aufzubewahren.

Überlegen Sie: Bei welcher nächsten Gelegenheit können Sie eine der Personen treffen, um genau diese Frage zu stellen? Wen könnten Sie vielleicht gleich anrufen oder wem eine E-Mail schreiben?
Seien Sie ehrlich und stellen Sie nicht nur die konkrete Frage, sondern erzählen Sie auch etwas von den Motiven, die den Hintergrund Ihrer Neugier bilden.

Die Ba Gua des Herzens anwenden

Sie wollen Ihre Wohnung oder Ihr Haus in einen wahren Born der Liebe verwandeln? Dann möchte ich Sie dazu einladen, mit dem Muster der Ba Gua das Qi der Liebe im ganzen Haus ins Fließen zu bringen und zu optimieren. Alles, was Sie dazu benötigen, ist ein Grundriss Ihres Hauses. Auch jeder abgrenzbare Raum kann nach dem Ba-Gua-Muster gestaltet werden: ein Zimmer, der Garten oder Balkon, ja sogar der Schreibtisch.

Die Ba Gua im Raum als Spiegel des Herzens

Gehen Sie von Raum zu Raum und übertragen Sie das Muster der Ba Gua. Dann sehen Sie sich um:
Gibt es Stellen, an denen sich Unordnung befindet? In welchen Bereich fallen diese?
Wie sieht es in den einzelnen Bereichen aus? Welche Gegenstände befinden sich dort, und was könnten sie bedeuten? Inwiefern spiegelt das, was Sie sehen, die tatsächliche Situation in Ihrem Leben wider?
Auf diese Weise erfahren Sie eine Menge über sich und welche Herzenswünsche bei Ihnen aktuell sind.

Schaffen Sie Ordnung – in Ihrer Wohnung und in Ihrem Leben

Unordnung in einem der Bereiche deutet immer darauf hin, dass hier Unklarheit herrscht. Bevor Sie sich jedoch daran machen, den jeweiligen Bereich neu zu gestalten, sollten Sie erst einmal gründlich und kompromisslos aufräumen:
Entfernen Sie alles, was Energie staut: überladene Regale, alte Zeitschriftenstapel, herumliegende Kleidungsstücke, verstaubten Krimskrams und überflüssigen Nippes. Insbesondere solche Erinnerungsstücke, die beim Betrachten Erinnerungen und Gefühle in Ihnen wachrufen, die Sie lieber vergessen würden, müssen raus!
Säubern Sie den Bereich gründlich und bringen Sie alle Gegenstände, die sich dort befinden, auf Hochglanz.
Reinigen Sie die Luft des Raumes, nicht nur, indem Sie ausgiebig lüften, sondern z. B. mit einer entsprechenden Räuchermischung oder einem Duftpotpourri.

Symbole in den Feldern der Ba Gua plazieren

Erfahrungsgemäß eignen sich Zimmer, die Sie häufig benutzen, am besten für die Anwendung von Symbolen. Es ist dabei egal, ob Sie mehrere Zimmer mit demselben Thema bearbeiten oder in jedem Zimmer ein anderes Thema zur Geltung bringen.

Sie können selbstverständlich auch Ihren Arbeitsplatz, den Balkon und das Treppenhaus danach gestalten. Achten Sie jedoch darauf, nicht zu übertreiben: die Symbole sollen die Energien eines Bereiches stimulieren, nicht aber übertönen. Üben Sie also ein wenig Zurückhaltung.

Was liegt Ihnen im Moment besonders am Herzen?

Es macht auch wenig Sinn, *alle* Herzenswünsche gleichzeitig zu behandeln. Es ist wichtig, dass Sie hier Prioritäten setzen und sich zunächst auf die Themen konzentrieren, die Ihnen gerade wirklich am Herzen liegen.

Übertragen Sie wiederum das Muster der Ba Gua auf den Raum. Dann können Sie beginnen: Wählen Sie den Bereich aus, der Ihrem aktuellen Herzenswunsch entspricht, und lassen Sie sich von den folgenden Symbolen bei der Gestaltung dieses Bereiches inspirieren. Vielleicht finden Sie einen Gegenstand, der für eines dieser Symbole steht, oder Sie hängen ein Bild auf. Nehmen Sie das Symbol, das Ihnen am besten gefällt und zu dem Sie spontan einen Bezug herstellen können. Konzentrieren Sie sich auf ein Symbol und vermeiden Sie Übertreibungen. In diesem Falle gilt nicht: Viel hilft viel! Geschickt plaziert, mobilisiert das Symbol Ihr Unterbewusstsein und polt es darauf, Ihnen Ihren Herzenswunsch zu erfüllen.

Sie können die Symbole einer Kategorie auch kombinieren, z.B. in Bildern oder Fotografien. Wählen Sie aber nur Symbole aus, die Ihnen tatsächlich auch zusagen. Stellen Sie keine Gegenstände auf bzw. hängen Sie sich keine Bilder an die Wand, die Ihnen im Grunde nicht gefallen! Damit erzeugen Sie genau das Gegenteil von gutem Feng Shui.

Wenn keines der Symbole Ihnen zusagt, dann überlegen Sie selbst: Welches Objekt, welches Zeichen oder Symbol verkörpert den Herzenswunsch für Sie am eindrücklichsten? Vielleicht gibt es auch eine Spruchweisheit oder ein Zitat, die Sie an die Erfüllung dieses Herzenswunsches erinnert? Dann rahmen Sie diesen Spruch ein und plazieren Sie ihn im entsprechenden Feld. Vielleicht verkörpert ein Mensch die besten Eigenschaften dieses Herzenswunsches für Sie? Dann stellen Sie eine Fotografie oder ein anderes Erinnerungsstück als Stellvertreter für diesen besonderen Menschen auf. Je individueller und persönlicher das Symbol ist, desto wirksamer ist es.

Symbole für die einzelnen Felder der Ba Gua

Herzenswunsch Familie

Ei, Hahn, Schwalbe, Trommel, Turm, Wagen, Weg, Drache, Fuß, Straße, Bambus, Schilf, Keimlinge, Blüten.

Herzenswunsch Materie und Körper

Feder, Fisch, Füllhorn, Hase, Pfau, Regenbogen, Schwein, Stier, Storch, Hahn, Vögel, Beine, Bäume, Wolken, Düfte, Windspiel, Mobile, Segel.

Herzenswunsch Erfolg

Auge, Rotes Band, Hirsch, Löwe, Pfau, Pferd, Schmetterling, Fasan, Sonne, Blitz, Gold, Räucherwerk, Licht(quellen), Kerzen.

Herzenswunsch Partnerschaft

Kuh, Bauch, Mutter, weibliche Figur, Kessel, bauchiges Gefäß, Baumstamm, Quadrat, Anker, Burg, Acker, Delfin(paar), Elefant(enpaar), Ente(npaar), Hund, Schwan(enpaar).

Herzenswunsch Kinder und Kreativität

Schaf, Mund, Zunge, Worte, Buchstaben, Schriftzeichen, Anker, Brücke, Delfin, Hand, Insel, Kranz, Ohr, Rad, Taube, Uhr, Waage.

Herzenswunsch Freunde

Pferd, Kopf, Vater, Sternenhimmel, Kreis, männliche Figur, Adler, Auge, Engel, Garten, Glocke, Hand, Hufeisen, Kelch, Rad, Regenbogen, Storch, Taube, Uhr, Wolken.

Herzenswunsch Beruf

Schwein, Ohr, Schlucht, Mond, Silber, Welle, Wasserfall, Quelle, Brunnen, Meer, Muschel, Schiff, Spirale, Wald.

Herzenswunsch Wissen

Finger, Hand, Pfad, Steine, Türe, Samen, Truhe, Buch, Eule, Fels, Katze, Boot, Schild, Schlüssel, Turm, Weg.

Die Energie des Herzens entfalten

Wenn wir uns unsere Herzenswünsche erfüllen, kommen wir unserem Ideal von Glück im Leben näher. Wir spüren wieder, dass wir Teil der Lebensenergie sind, die als Qi der Liebe alles Existierende verbindet. Der nächste Schritt besteht nun darin, diese Verbundenheit mit anderen Menschen zu teilen.

Ein Programm in sieben Schritten

Beginnen Sie mit der Entdeckung Ihrer Herzensenergie jetzt gleich. Es ist ganz leicht – wenn Sie Ihre Aufmerksamkeit nicht auf den Berg richten, sondern auf den Weg vor Ihnen, auf den ersten Schritt. Ist der einmal getan, folgt der Rest (fast) von allein. Denn: Jeder Schritt, den Sie in Richtung auf Ihr Ziel gehen, macht Sie stärker.

Schritt 1: Was braucht mein Herz – jetzt?

Der erste Schritt Ihrer Reise beginnt mit der Frage: Was brauchen Sie jetzt gerade? Was ist Ihr aktueller Wunsch – genau in diesem Augenblick, in dem Sie diese Zeilen lesen? Fragen Sie sich nicht: Was soll sich in meinem Leben verändern, damit ich glücklicher in meinen Beziehungen werde? Fragen Sie sich auch nicht: Wer oder was könnte mir helfen, damit es mir leichter fällt, mich auf andere Menschen in einer Weise einzulassen, die mir guttut? Fragen Sie sich nur: Was braucht mein Herz jetzt! Um leichter mit Ihrem Herz in Verbindung zu kommen, schlage ich Ihnen eine kleine Meditation vor.

Einfache Herzensmeditation

Nehmen Sie sich eine Viertelstunde Zeit und suchen Sie einen ungestörten Platz auf – schließen Sie die Türe, legen Sie den Telefonhörer daneben, schalten Sie Ihr Handy stumm oder aus. Bevor Sie mit der eigentlichen Übung beginnen, legen Sie sich einen Stift und einen Zettel griffbereit in Ihre Nähe.

Setzen Sie sich bequem auf einen Stuhl, so dass Sie es für eine Weile problemlos in dieser Position aushalten können. Prüfen Sie, ob Sie aufrecht sitzen und Ihre Füße Kontakt zum Boden haben. Ihre Hände lassen Sie zunächst locker auf Ihren Oberschenkeln ruhen.

Schließen Sie nun die Augen und atmen Sie einige Atemzüge lang tief ein und aus und beobachten Sie, wie mit jedem Ausatmen mehr Ruhe in Ihren Körper einkehrt und Sie sich immer besser auf sich selbst konzentrieren können und zu Ihrer Mitte finden. Achten Sie während der gesamten Übung auf einen gleichmäßigen und ruhigen Atem. Dann spüren Sie Ihrem Herzschlag nach. Spüren Sie das Pochen des Herzens in Ihrer Brust. Sie können die rechte Hand auf Ihr Herz legen, um es noch besser fühlen zu können. Nehmen Sie sich einige Momente Zeit, um wahrzunehmen, wie Ihr Herz Schlag für Schlag das Blut durch Ihren Körper strömen lässt und Sie mit Leben versorgt. Spüren Sie, dass Sie am Leben sind …

Wahrnehmen mit allen Sinnen

Nach einer Weile öffnen Sie Ihre Sinne für alles, was sich um Sie herum befindet. Was hören Sie? Nehmen Sie die Geräusche wahr, ohne sie zu analysieren. Was spüren Sie? Fühlen Sie den Druck Ihres Gesäßes auf der Unterlage und den sicheren Stand Ihrer Füße auf dem Boden. Was riechen Sie? Atmen Sie die Luft ein und achten Sie auf die Geruchsnuancen in Ihrer Umgebung. Was sehen Sie? Auch wenn Sie Augen geschlossen halten – worauf würde Ihr Blick fallen, welche Gegenstände umgeben Sie? Wenn Sie sich in einem Raum befinden: Wo befindet sich die Türe, und was befindet sich hinter ihr? Was sehen Sie durch das Fenster? Was würden Sie sehen, wenn Sie Ihren Blick bis an den Horizont ausdehnen könnten? Genießen Sie, wie Ihr ganzer Körper mit all seinen Sinnen in seine Umgebung eingebettet ist. Er ist unauflöslich verbunden mit der Welt – und Sie mit ihm.

Das Herz öffnen

Dann richten Sie Ihre Aufmerksamkeit nach innen. Folgen Sie dem Weg Ihres Atems in die Mitte Ihres Körpers. Was empfinden Sie gerade? Wo in Ihrem Körper empfinden Sie es? Welche Gefühle stellen sich ein? Lassen Sie zu, dass diese Gefühle für einen Augenblick bei Ihnen verweilen. Geben Sie ihnen bei jedem Einatmen ein wenig Raum, bis sie sich beim nächsten Ausatmen von allein verabschieden. Genießen Sie, wie die Empfindungen in Ihnen kommen und gehen und wie Ihr Körper Gastgeber all dieser Gefühle und Empfindungen ist.

Der Körper ist das Haus Ihrer Seele. Er ist unauflöslich mit ihr verbunden – und Sie mit ihm.

Während Sie dieser Verbundenheit mit dem Außen und dem Innen nachspüren, können Sie jetzt Ihr Herz öffnen, indem Sie sich sagen:
»Ich verbinde mich jetzt mit meinem Herzen und öffne es für alles in und um mich herum. Ich atme. Ich höre. Ich rieche. Ich schmecke. Ich fühle. Ich sehe. Ich bin da.«

Befragen Sie Ihr Herz

In diesem Zustand können Sie so lange verweilen, wie Sie es möchten. Es ist ein sehr kraftvoller Zustand, der uns mit einem Gefühl des Verbundenseins mit uns selbst und der Welt beschenkt. Wir können diesen Zustand jedoch auch nutzen, um unserem Herzen eine

Frage zu stellen. Und genau dies möchte ich Ihnen vorschlagen. Stellen Sie Ihrem Herzen die Frage: »Wenn ich an meine Fähigkeit denke, Beziehungen zu anderen Menschen aufzubauen: Was brauche ich – genau jetzt?«
Es kann sein, dass aus der Mitte Ihres Herzens nun ein Bild, ein Gefühl, ein Wort, ein Satz, eine Körperwahrnehmung oder alles zugleich in Ihnen aufsteigt. Nehmen Sie das, was sich hier zeigt, ohne es zu interpretieren, einfach wahr. Lassen Sie einfach zu, dass es sich in Ihnen manifestiert. Vielleicht werden Sie überrascht sein, was Ihr Herz Ihnen vorschlägt, vielleicht aber werden Sie es schon geahnt haben, und Sie werden sich bestätigt fühlen. Bleiben Sie bei dieser Empfindung und öffnen Sie die Augen. Nehmen Sie Stift und Papier zu Hand und notieren Sie Ihre Eindrücke, möglichst ohne sie durch den Filter Ihres Verstandes zu schicken.
Dann kehren Sie langsam in Ihr Alltagsbewusstsein zurück, atmen Sie ein paar Mal tief ein und aus, recken und strecken sich, stehen auf und gehen ein paar Schritte.
Diese Meditation ist eine gute Voraussetzung für alle weiteren Übungen in den folgenden Schritten. Sie können Sie jederzeit wiederholen, wenn Sie in Kontakt mit Ihrem Herzen im Hier und Jetzt treten wollen. Sie können natürlich auch jede andere Frage, die Sie gegenwärtig beschäftigt, in die Herzensmeditation einbauen.

Schritt 2: Was kann ich für mein Herz tun – jetzt?

Haben Sie eine Antwort von Ihrem Herzen bekommen? Wissen Sie etwas mehr darüber, was Sie jetzt gerade brauchen? Dann sind Sie bereit für den nächsten Schritt.
Gleich zu Beginn die gute Nachricht: Sie tragen alles, was Sie zur Erfüllung Ihres Herzenswunsches benötigen, bereits in sich. Es ist nicht notwendig, dass Sie danach suchen, wer oder was Ihnen bei Ihrem Bedürfnis nach mehr Beziehung zu sich selbst und anderen helfen könnte. Sie können das nicht glauben? Dann wird Ihnen die folgende Übung das Vertrauen geben, dass dies wirklich so ist. Alles, was Sie dazu benötigen, ist eine halbe Stunde Zeit, Papier und einen Stift – sowie ein Herzenswunsch, den Sie sich hier und jetzt erfüllen wollen.

Was braucht mein Herz jetzt gerade?

Formulieren Sie Ihren Herzenswunsch in einem klaren und einfachen Satz, z. B.: »Ich brauche mehr Verständnis für die Bedürfnisse anderer.« »Ich brauche mehr Ruhe, um in Kontakt zu meinen eigenen Bedürfnissen treten zu können.« »Ich wünsche mir mehr Innigkeit und Liebe in meiner Beziehung.« »Ich wünsche mir mehr Mut, um aktiv auf andere zuzugehen.« …

Es ist wichtig, dass Sie Ihren Wunsch nicht als Mangel formulieren, also nicht mit Wendungen wie »Ich möchte nicht mehr allein sein« oder »Ich wünsche mir, keine Angst mehr zu haben, meine Gefühle zu zeigen« usw. Wenn sich Ihr Herzenswunsch zunächst in seiner negativen Form präsentiert, fragen Sie sich sogleich: »Was soll stattdessen da sein?« oder »Woran würde ich merken, dass der Mangel ausgeglichen ist? Was wäre dann anders?« Auf diese Weise stimmen Sie sich bereits auf eine Lösung Ihres Anliegens ein, anstatt den zweifelnden Stimmen in Ihnen unnötig Nahrung zu geben. Aus »Ich möchte keine Angst mehr haben, meine Gefühle zu zeigen« wird nach der Frage »Was soll stattdessen da sein?« der Satz »Ich wünsche mir mehr Mut, meine Gefühle zu zeigen«. Spüren Sie den Unterschied in der Qualität dieser beiden Sätze? Welcher Satz macht Ihnen mehr Lust, sich auf die Suche nach Ihrer Herzensenergie zu machen? Formulieren Sie also Ihren Herzenswunsch:

- einfach und prägnant
- positiv und lösungsorientiert

Hindernisse als Helfer

Nachdem Sie Ihrem Herzenswunsch einen angemessenen positiven Ausdruck gegeben haben, fragen Sie sich: »Was hat mich bislang davon abgehalten, diesen Wunsch zu erfüllen?« Wenn sich Ihr Bedürfnis schon erfüllt hätte – dann wäre es kein Herzenswunsch mehr. Also muss es etwas geben, das sich Ihnen bei der Erfüllung dieses Wunsches bislang in den Weg gestellt hat. So einfach ist das.

Denken Sie daran, dass Hindernisse, die wir überwinden, uns wichtige Erfahrungen schenken können.

Oft genug erweisen sie sich sogar als echte Ressourcen für unser weiteres Leben. Doch bevor sie sich von Hindernissen zu Helfern auf unserem Weg wandeln können, müssen wir sie erst einmal identifizieren.

Keine Schuldzuweisungen!

Wenn Sie sich nun auf die Suche nach Hindernissen begeben, dann widerstehen Sie der Versuchung, einer anderen Person oder einem Ereignis die Schuld dafür zu geben, dass Sie der Erfüllung Ihres Wunsches noch nicht nähergekommen sind. Vermeiden Sie also, Ihren Partner, Ihre Eltern oder Ihre gegenwärtige Arbeitssituation zu Schuldigen zu erklären. Was aber, wenn dies das Erste ist, das Ihnen in den Sinn kommt? Dann könnten Sie sich Folgendes fragen: »Welche meiner Eigenschaften, vermeintlichen Schwächen … hat bislang verhindert, dass ich die Beziehung zu meinen Eltern, meinem Ex-Partner … nicht klären konnte?« Oder: »Welche der Vorstellungen von mir selbst und dem Leben haben mich bislang davon abgehalten, die Situation mit XY zu bereinigen und aus der Welt zu schaffen?« Auf diese Weise lenken Sie den Fokus wieder auf sich selbst.

Ein Beispiel: Sie finden heraus, dass Ihr Ex-Partner Schuld daran ist, dass Ihr Wunsch nach Beziehung sich nicht erfüllt, weil er durch sein Fremdgehen Ihr Vertrauen in die Männerwelt zerstört hat. Aber nicht Ihr Ex ist das Hindernis, sondern die Eigenschaft in Ihnen, die verhindert hat, dass Sie Ihrem Verflossenen klar und deutlich die Meinung gesagt haben. Diese Eigenschaft könnte z.B. Ihre Tendenz sein, viel zu schnell zu verzeihen oder gar den Fehler bei sich zu suchen anstatt beim anderen. Vielleicht haben Sie sich aber auch immer wieder durch Versprechungen herumkriegen lassen – dann wäre das Hindernis eher so etwas wie Ihre fehlende Konsequenz oder auch Ihre zu große Toleranz.

Machen Sie den ersten Schritt

Vielleicht fragen Sie sich: »Warum sollte das besser für mich und meinen Prozess sein?« Ganz einfach: Haben Sie schon einmal versucht, einen anderen Menschen zu ändern? Selbst wenn wir noch so sehr der Überzeugung sind, dass jemand unserem Glück im Wege steht und er sich nur verändern müsste, damit wir glücklich und zufrieden sind – wir können nicht darauf hoffen, dass irgendjemand vor uns den ersten Schritt tut. Auch Ereignisse, die unser Leben belasten, können wir in aller Regel nicht rückgängig machen, so sehr wir uns das auch wünschen mögen. Das Einzige, über das wir mit Gewissheit verfügen, ist unsere Fähigkeit, uns selbst zu verändern. Indem wir uns auf das besinnen, was wir tun können, statt auf das, was andere für uns tun müssten, schaffen wir ideale Voraussetzungen dafür, etwas in Bewegung zu setzen – weil wir es selbst in der Hand haben und nicht mehr länger warten, bis andere uns den Gefallen tun, so zu sein, wie wir es uns wünschen. Auf diese Weise vermeiden wir Frustrationen und Enttäuschungen über nicht erfüllte Erwartungen an unsere Umwelt.

Drei Hindernisse

Nun notieren Sie bitte wenigstens drei Hindernisse, die bislang der Erfüllung Ihres Herzenswunsches im Wege standen. Es ist im Übrigen nicht wichtig, dass Sie ein Hindernis ganz scharf und präzise benennen können – Sie können auch solche einbeziehen, die Ihnen noch eher unklar sind.

1. ______________________________

2. ______________________________

3. ______________________________

Welche Fähigkeiten können mir helfen, meinen Herzenswunsch zu erfüllen?

Denn eines ist klar: Sobald wir einen echten Wunsch haben, gibt es in uns auch eine Möglichkeit, diesen zu erfüllen – wir wissen nur manchmal nicht genau wie.
Anders gesagt: Die Anwesenheit eines Bedürfnisses bezeugt, dass wir innerlich davon ausgehen, noch nicht alles getan zu haben, um es zu befriedigen. Die Frage ist also: Welche meiner Stärken kann ich einsetzen, um der Erfüllung meines Herzenswunsches näherzukommen?

Machen Sie sich Ihre Stärken bewusst

Es kann gut sein, dass wir dabei auf Ressourcen stoßen, die uns im Zusammenhang mit unserem Wunsch nach mehr Beziehung zu uns selbst und zu anderen noch gar nicht in den Sinn gekommen sind – und die auf einmal eine ungeheure Kraft entfalten können, wenn wir ihren Wert erkennen. Darum sollten Sie sich wirklich genügend Zeit nehmen, nach diesen Ressourcen Ausschau zu halten.
Folgen Sie dem leisesten Verdacht, der geringsten Ahnung, die Sie auf die Spur Ihrer Stärken bringen kann. Die folgenden Leitfragen können Ihnen dabei helfen, sich Ihrer Stärken bewusster zu werden:

- Welche mir bekannten Stärken könnte ich einsetzen, um meinen Herzenswunsch zu erfüllen?
- Welche bereits bestehenden Beziehungen könnte ich noch besser nutzen?
- Was könnte ich künftig tun, um mehr Freiraum zu gewinnen?

Je bewusster Sie sich dieser Ressourcen sind, umso leichter werden Ihnen die folgenden Schritte Ihrer Entdeckungsreise fallen. Sie sind es, die Ihnen die Kraft geben, sinnvolle und glückliche Beziehungen zu knüpfen.

Schritt 3: Verstehen und verstanden werden

Sie kennen bestimmt das sprichwörtliche Glas, das für den einen halbvoll und für den anderen halbleer ist. Schon unsere momentane Stimmung, das berüchtigte rechte oder linke Bein, mit dem wir aufgestanden sind, kann darüber entscheiden, wie sich die Wirklichkeit unseres Tages gestalten wird. Wenn aber schon unsere eigene Sicht der Welt so instabil ist – um wie viel mehr muss sich die Sicht der Wirklichkeit zwischen zwei Menschen unterscheiden? Wir können mit Fug und Recht behaupten, dass jeder Mensch in seiner eigenen Welt lebt – und dass die meisten Menschen davon überzeugt sind, dass ihre Sicht der Dinge die richtige ist.

Alles eine Frage der richtigen Kommunikation

Der Glaube, dass die eigene Wirklichkeit auch der Maßstab für mein Gegenüber sein müsse, legt den Grundstein für alle nur denkbaren Formen des Missverständnisses. Unter diesem Gesichtspunkt ist es ein Wunder, dass Menschen sich überhaupt verständigen können. Wenn wir uns jedoch bewusst machen, dass Kommunikation immer auch das Aufeinandertreffen zweier Welten bedeutet, verstehen wir vielleicht besser, wieso es immer wieder zu Verständigungsproblemen zwischen Menschen kommt und wie diese möglicherweise überbrückt werden können. Sich in Beziehung zu anderen Menschen zu setzen bedarf der Kommunikation. Wir wollen verstehen und verstanden werden. Doch wie kann uns das gelingen, wenn wir wissen, dass unsere Sicht der Welt mit der meines Gegenübers nicht übereinstimmt? Wie können wir unsere Gedanken, Gefühle und Empfinden kommunizieren, so dass der andere auch die richtige Botschaft empfängt – und uns versteht?

Unser Verhalten in Konfliktsituationen

Kennen Sie das? Sie sind wütend. Und Sie wähnen sich im Recht. Vor lauter Wut werfen Sie Ihrem Gegenüber alles an den Kopf, was Ihnen gerade in den Sinn kommt, und lassen keine Schmach aus, die er Ihnen in der Vergangenheit angetan hat. Sie schütten einen ganzen Kübel von Vorwürfen über ihm aus. Und wie reagiert er? Vielleicht wird er kleinlaut, schreckt vor unserer Attacke verschüchtert zurück – oder er blockt ab, antwortet seinerseits mit Vorhaltungen und erklärt uns, dass wir nicht besser seien und vor unserer eigenen Haustüre zu kehren haben. Ein Wort gibt das andere, und die Aussicht auf eine Verständigung ist erstmal dahin. Sie können sich die Eskalation einer solchen Situation in den buntesten Farben beliebig weiter ausmalen.

Täter oder Opfer?

Haben Sie sich in solchen Situationen schon einmal gefragt, wie es Ihrem Gegenüber geht, wenn Sie ungehemmt Ihren negativen Gefühlen freien Lauf lassen? Vielleicht glauben Sie, dass Sie ein Recht dazu hätten, weil er Sie verletzt hat oder weil er einen Fehler gemacht hat. Gern argumentieren wir in solchen Situationen damit, dass wir doch unseren Gefühlen Luft machen müssen – und hoffen, dass wir uns danach irgendwie freier fühlen als vorher. Doch oft genug ist das Gegenteil der Fall: Wir spüren, dass etwas nicht in Ordnung ist, dass wir zwar nach einem Gefühlsausbruch ruhiger sind, aber die Situation deshalb noch lange nicht geklärt ist. Vielleicht wird unser Gegenüber sich entschuldigen und seinen Fehltritt bedauern – aber das tut er

sicher nicht freiwillig und gern. In Beziehungen, in denen diese Art der Problemlösung an der Tagesordnung ist, schwinden Vertrauen und Offenheit allmählich.
Diese Form der Kommunikation unterbricht die Verbindung zwischen Menschen, anstatt sie zu fördern, denn sie basiert darauf, dass einer über den anderen triumphieren muss, damit Ruhe einkehrt. Zwangsläufig wird es immer einen geben, der sein Gesicht verliert – und damit einen, der sich minderwertig und unterlegen fühlt.
Egal, ob wir uns in der Kommunikation eher als Opfer oder als Täter erleben – es ist leicht einsehbar, dass sich auf dieser Grundlage nur schwer das Gefühl von Gleichwertigkeit zwischen zwei Menschen entwickelt. Aber wie kann es uns gelingen, unsere Kommunikation zu verbessern, so dass wir sie als bereichernd und lebensbejahend erleben? Die Antwort ist zunächst verblüffend einfach: Hören Sie nicht auf die Wörter, sondern nehmen Sie das Bedürfnis hinter den Wörtern wahr.

Bedürfnisse kommunizieren

Kommunikation geht immer dann schief, wenn unsere Bedürfnisse, die wir ausdrücken möchten, nicht gehört werden. Niemand ist perfekt darin, sich genau so auszudrücken, dass das Gegenüber zweifelsfrei genau das versteht, was wir ihm sagen wollen. Wie auch? Schließlich können wir gar nicht wissen, durch welche Brille er gerade unsere Worte filtert – und was bei ihm für ein Film abläuft, wenn wir ihn ansprechen. Unser Gegenüber lebt in einer anderen Welt.

Die Grundlage für Verständnis

Und dennoch gibt es etwas, das wir mit ihm gemeinsam haben: die ganz grundlegenden menschlichen Bedürfnisse wie Geborgenheit, Zuneigung, Freundschaft, Liebe, Wertschätzung, Anerkennung, Frieden, Ordnung, Ruhe usw. Vielleicht unterscheiden sich Menschen darin, welchen Stellenwert sie diesen Bedürfnissen in ihrem Leben einräumen. Aber jeder Mensch kennt diese Bedürfnisse – und genau auf dieser Grundlage ist Verständnis füreinander möglich.

Geben Sie Ihren Bedürfnissen Raum

Gerade in emotionalen Beziehungen gelingt es uns oft nicht, unsere Bedürfnisse so zu artikulieren, dass der andere sie wahrnehmen und entsprechend auf sie reagieren kann. Wenn wir uns in unseren Bedürfnissen nicht erkannt fühlen, reagieren die meisten von uns emotional – wir werden wütend, traurig, verzweifelt, sind enttäuscht, beleidigt usw. Wenn wir nur diesen Gefühlen Ausdruck geben und nicht klarmachen, dass unsere Emotionen dadurch zustande kommen, weil wir uns in einem grundlegenden Bedürfnis

nicht wahrgenommen fühlen, müssen wir damit rechnen, dass unser Gegenüber sich vor uns verschließt oder sich gezwungen sieht, sein Verhalten zu verändern, sich aber dabei manipuliert fühlt.
Wenn wir dagegen unsere Bedürfnisse formulieren, haben wir eine gute Chance, dass unser Gegenüber uns versteht, denn auch er wird diese Bedürfnisse von sich kennen. Wenn wir in der Kommunikation unseren Bedürfnissen mehr Raum geben, treten wir in Kontakt mit unserem Gegenüber – wir bauen eine Brücke von Herz zu Herz.

Eine Brücke von Herz zu Herz

Sie können sofort damit beginnen, Ihren Bedürfnissen mehr Raum zu geben. Die folgenden drei Schritte können Ihnen dabei als Leitfaden dienen. Erinnern Sie sich am besten an eine Situation aus der jüngeren Vergangenheit, in der Sie jemandem einen Vorwurf gemacht haben. Vielleicht hat Sie jemand enttäuscht, oder Sie haben sich über jemanden geärgert, weil er sich nicht an eine Absprache gehalten hat – oder jemand hat ein unbedachtes Wort Ihnen gegenüber fallenlassen und Sie damit verletzt. Es ist nicht wichtig, dass Sie den Vorwurf tatsächlich auch geäußert haben. In der Tat geht es vielen Menschen so, dass sie das nur innerlich tun, während Sie nach außen hin Ruhe zu bewahren versuchen, was aber dem eigentlichen Gefühl nichts nimmt.

Was konnten Sie wahrnehmen?

Nun möchte ich Sie einladen, die Situation so objektiv und neutral zu beschreiben, wie es Ihnen möglich ist. Das funktioniert am besten, wenn Sie sich auf das konzentrieren, was Ihnen Ihre Sinne mitgeteilt haben: Was konnten Sie sehen? Was konnten Sie hören? Wer war beteiligt? Welche Prozesse sind abgelaufen? Bleiben Sie so distanziert wie möglich und vermeiden Sie jede Art der Bewertung der Situation und jede Form der Interpretation darüber, was der andere gedacht, geglaubt oder gemeint haben könnte.

Was haben Sie gefühlt?

Nun beschreiben Sie das Gefühl, das in Ihnen auftrat, als Sie diese Beobachtung gemacht haben. Es ist bei diesem Schritt sehr wichtig, die reine Beobachtung von dem zu trennen, was wir gleichzeitig gefühlt haben. Nur so bleiben wir bei uns selbst und geben der Beobachtung nicht die »Schuld« für das, was wir gerade wahrgenommen haben.

Jemandem oder etwas die Schuld für das eigene Unwohlsein zu geben ist der beste Weg, die Herzen zwischen den Menschen zu verschließen.

Was also haben Sie gefühlt? Waren Sie wütend? Traurig? Enttäuscht? Fühlten Sie sich ohnmächtig, deprimiert, genervt, zornig?
Die Palette der Gefühlsäußerung ist endlos. Doch achten Sie darauf, dass Sie nicht klammheimlich in der Beschreibung Ihres Gefühls die Schuld wieder Ihrer Außenwelt zuschieben, indem Sie z. B. formulieren: »Ich habe mich angegriffen gefühlt.« Oder: »Ich habe mich zurückgesetzt gefühlt.« Auch Sätze wie »Ich hatte das Gefühl, der andere versteht mich nicht« sind im besten Falle Schein-Gefühle, denn Sie spiegeln eine Wertung Ihrer Beobachtung, aber nicht das, was sich gerade in Ihnen abspielt.
Wann ist es ein Gefühl und wann nicht? Das finden Sie heraus, wenn Sie Ihre Formulierungen anfangen mit »Ich war/bin ...« und dann das entsprechende Eigenschaftswort einsetzen. Wenn dabei eine sinnvolle Gefühlsbeschreibung herauskommt, sind Sie auf dem richtigen Weg – z. B.: »Ich bin irritiert«, »Ich war besorgt«, »Ich war sehr ärgerlich«, »Ich war niedergeschlagen« usw.

Nehmen Sie das Bedürfnis dahinter wahr

Nun verbinden Sie sich für einen Moment mit Ihrem Herzen, indem Sie in sich das Gefühl aus Schritt 1 wachrufen (siehe Seite 102 f.). Vielleicht gönnen Sie sich einen Augenblick, um innerlich ruhig zu werden und das Verbundensein mit Ihrem Herzen zu genießen. Dann stellen Sie sich folgende Frage: Was wollte ich in diesem Augenblick wirklich? Welches Bedürfnis wurde gerade nicht befriedigt? Was hätte ich gebraucht?
Bleiben Sie eine Weile bei dem, was in Ihnen aufsteigt. Wollten Sie Anerkennung? War Ihnen in diesem Moment Toleranz wichtig? Hätten Sie sich mehr Verlässlichkeit gewünscht? Fehlte Ihnen Freundlichkeit?
Ein echtes Bedürfnis erkennen Sie daran, dass es Sie stärkt, wenn es erfüllt wird. Es ist eine Quelle der Kraft, die in uns sprudelt – und zwar in jedem von uns. Echte Bedürfnisse teilen wir mit anderen Menschen und deshalb sind wir auf der Ebene der Bedürfnisse mit allen Menschen verbunden. Wenn wir also unsere Aufmerksamkeit auf die Bedürfnisse lenken, die gerade in uns aktiv sind, betonen wir das, was wir mit anderen gemeinsam haben – wir beginnen Brücken zwischen den Herzen zu bauen.
Die Erfahrung zeigt, dass es unserem Gegenüber meist wesentlich leichter fällt, uns zu verstehen, wenn er unsere Bedürfnisse wahrnehmen kann. Widerstand und Missverständnisse tauchen nicht so schnell auf, weil der andere die Gelegenheit bekommt nachzuempfinden, was uns fehlt – und selbst in Kontakt mit seiner Herzensenergie kommt.

Übung macht den (Kommunikations-)Meister

Der nächste Schritt besteht darin, die Punkte 1 bis 3 miteinander zu verbinden – und gemeinsam zu kommunizieren. Erzählen Sie zunächst, was Sie wahrgenommen haben (1), dann beschreiben Sie das Gefühl, das in Ihnen aufgetaucht ist (2), und schließlich formulieren Sie das Bedürfnis, das in diesem Augenblick in Ihnen aktiv war (3). Das könnte sich wie folgt anhören:

- »Als Herr XY gestern im Treppenhaus ohne zu grüßen an mir vorbeigegangen ist (1), war ich enttäuscht (2), denn mir ist ein freundlicher Umgang wichtig (3).«
- »Wenn du mich beim Reden unterbrichst (1), werde ich wütend (2), denn ich möchte gern gehört werden (3).«
- »Du bist später als verabredet gekommen (1), und ich bin ärgerlich (2), weil es mir wichtig ist, mich auf andere verlassen zu können (3).«

Und nun sind Sie an der Reihe – wie lautet Ihr Satz, mit dem Sie Ihrem Gegenüber deutlich machen können, dass eines Ihrer Bedürfnisse in der von Ihnen ausgewählten Situation nicht befriedigt wurde?

Fazit

Wenn wir unseren Gefühlen freien Lauf lassen, ohne unserem Gegenüber klarzumachen, dass wir dies tun, weil wir uns in einem für uns wichtigen Bedürfnis nicht gesehen fühlen, dann verstärken wir die Mauern zwischen uns und provozieren Widerspruch, Streit und Missverständnisse. Wenn wir jedoch unsere Beobachtung von den Gefühlen, die sie in uns auslösen, trennen und wenn wir unser Bedürfnis äußern, tragen wir dazu bei, dass unsere Kommunikation auf der Verbundenheit unserer Herzen beruht.

Ich empfehle Ihnen, die drei Schritte zur Herzenskommunikation so oft wie möglich zu üben. Es kommt nicht darauf an, dass Sie von heute auf morgen zum Meister der einfühlsamen Kommunikation werden. Aber Sie können sich schrittweise annähern und sich stetig verbessern, wenn Sie jede Gelegenheit, die sich Ihnen bietet, nutzen, sich darin zu trainieren.

Schritt 4: Entspannen statt ärgern

Nachem Sie jetzt wissen, wie Sie Ihre Kommunikation so verbessern können, dass Sie dazu beiträgt, wertschätzende Beziehungen zu anderen Menschen aufzubauen, werden Sie sich fragen: Wie kann ich dafür sorgen, dass ich entspannt genug bin, um mein Herz einem anderen zu öffnen? Jeder von uns kennt das: Gefühle haben uns schon längst übermannt, bevor wir auch nur daran gedacht haben, uns auf die Kommunikation des Herzens zu besinnen.

Wenn die Wut, der Frust, die Enttäuschung einmal da ist, dann können Sie von uns so schnell Besitz ergreifen, dass wir keine Gelegenheit haben, anders als gewohnt zu reagieren. Was können wir diesem Überfall entgegensetzen?
Wenn Sie die drei Phasen der Herzenskommunikation aus Schritt 3 regelmäßig trainieren (siehe Seite 106 ff.), wird es Ihnen immer leichterfallen, positive Gedanken zu einer Situation zu entwickeln und die negativen Gefühle werden immer seltener Ihr Verhalten beeinträchtigen. Doch Sie können diesen Prozess noch unterstützen – indem Sie sich entspannen statt ärgern!

Entspannung befreit

Warum ist Entspannung so wichtig für unser Beziehungsleben? Weil jede Spannung Energie bindet. Wenn unser Körper angespannt oder gar verspannt ist, kann die Energie nicht in unserem Körper fließen. Sie konzentriert an den Stellen, an denen wir die Verspannung spüren: im Nacken, in den Schultern, im Magen, im Kopf. Für unseren Körper ist Anspannung ein Signal von Stress, denn sie tritt immer dann auf, wenn wir unseren Körper einsetzen wollen – um uns zu verteidigen, wenn wir angegriffen werden oder wenn wir uns auf etwas konzentrieren wollen. Anspannung an sich ist also nichts Negatives, sondern kann sogar als lustvoll erlebt werden, z.B. wenn wir in gespannter Freude auf jemanden warten, bei einem Wettkampf oder wenn wir in einem positiven Sinne aufgeregt sind. Anspannung konzentriert Energie in unserem Körper, damit er sie entsprechend schnell zur Verfügung stellen kann. Doch Anspannung bedeutet auch »nicht im Fluss sein«. Erst das Entladen der Spannung befreit vom Energiestau: wenn aus der Anspannung Bewegung wird – so wie der Sprinter nach dem Startschuss zu laufen beginnt.

Was entspannt Sie?

Die meisten von uns wissen genau, wie es sich anfühlt, verspannt zu sein – aber wissen Sie auch, wie es ist, wenn Sie entspannt sind?
Vielleicht kennen Sie ganz allgemeine Kriterien, anhand derer wir die Entspanntheit eines Menschen messen könnten: beispielsweise die Atemfrequenz, der Muskeltonus, Gehirnströme. Doch wenn es um Ihre Entspannung geht, dann können nur Sie selbst als Maßstab dienen. Entspannung ist etwas Individuelles. Für jeden Menschen wirken andere Dinge entspannend und jeder Mensch wird Entspannung unterschiedlich wahrnehmen. Einige entspannen sich bei Musik, andere am liebsten in der Badewanne, beim Unkrautjäten oder beim Häkeln. Wieder andere entspannen beim Lesen oder brauchen körperliche Bewegung dazu. Um herauszufinden, was Sie entspannt, folgen Sie bitte den nachstehenden Fragen.

Listmaking:
Woran merken Sie, dass Sie entspannt sind?

Das letzte Mal richtig entspannt war ich ...

Weitere Situationen, die mich entspannen:

Körperlich spüre ich, dass ich entspannt bin, wenn ...

So verändern sich meine Gefühle während einer Entspannung:

So verändert sich mein Denken, während ich entspannt bin:

Tipp:
Ziehen Sie sich zur Beantwortung dieser Fragen an einen Ort zurück, an dem Sie entspannt darüber nachdenken können.

Entspannung für Körper, Seele und Geist

Ihr Körper »weiß«, wann Sie entspannt sind – es geht also nicht darum, Ihnen einfach weitere Techniken anzubieten, mit denen Sie sich entspannen können, sondern Ihren Körper daran zu erinnern, was für Sie entspannend ist. Wenn sich diese Erinnerung einstellt, dann gibt es im Grunde nur eine einzige Empfehlung, die ich Ihnen hier und jetzt geben kann: Machen Sie mehr davon!

Begeben Sie sich so oft Sie können in diesen Zustand. Tun Sie es bewusst und nehmen Sie sich genügend Zeit dafür. Doch selbst fünf Minuten Entspannung, die Sie ganz bewusst zelebrieren und genießen – am Schreibtisch, auf dem Weg zum Einkaufen, in einem Leerlauf zwischen zwei Tätigkeiten –, können Ihnen die Gewissheit geben, dass Ihr Körper in der Lage ist zu entspannen und damit auch Ihre Seele und Ihr Geist.

Nutzen Sie die Kraft des Atems

Ein weiteres wichtiges Hilfsmittel, das Sie immer bei sich haben und auf das Sie auch in den angestrengtesten Situationen zurückgreifen können, ist Ihr Atem. Er ist ein wunderbares Hilfsmittel, um mit Ihrem Körper in Verbindung zu treten. Denn obwohl er die meiste Zeit unbewusst vonstattengeht, können Sie ihn auch ganz bewusst steuern, wenn Sie Ihre Aufmerksamkeit auf ihn lenken.

Es ist offensichtlich, dass wir durch die Steuerung des Atems viele Körperfunktionen ansprechen können, denn er beeinflusst unsere Blutzirkulation.

Je schneller wir atmen, umso schneller schlägt unser Herz und umso mehr Blut und Sauerstoff wird durch unseren Körper geschickt. Je tiefer wir atmen, umso gleichmäßiger zirkuliert unser Blut und umso ruhiger werden wir – der Muskeltonus sinkt. Diese Fähigkeit des Atems können wir in angespannten Situationen nutzen.

Atmen Sie mit dem Bauch

Sicherlich konnten Sie beobachten, dass Sie im Zustand der Entspannung beginnen, das Zwerchfell deutlicher für die Atmung einzusetzen: beim Einatmen senkt sich dieser Muskel und der Bauchraum erweitert sich ganz sanft. Beim Ausatmen löst sich das Zwerchfell in Richtung des Herzens, und der Bauchraum verengt sich zur Wirbelsäule hin. Dies können Sie nutzen, indem Sie in Stresssituationen ganz bewusst in den Bauch hineinatmen. Ihrem Körper signalisieren Sie auf diese Weise: Du kannst jetzt ganz entspannt sein. Lassen Sie sich von dieser sanften

Art und Weise des Atmens führen und spüren Sie, wie die gesamte Energie Ihres Körpers in einen sanften Fluss kommt.

Halten Sie den Oberkörper ruhig und aufrecht

Vielleicht haben Sie auch beobachtet, dass ein Zustand heiterer und gelassener Entspannung mit einer geraden Körperhaltung einhergeht. Wenn wir in uns ruhen, dann richtet sich unser Körper automatisch auf. Der Brustkorb ruht fest und sanft auf dem Rumpf, in den nun der ganze Atem fließen kann. Um dieses Gefühl zu verstärken, können Sie in einer stressigen Situation die Arme über der Brust kreuzen und mit Ihren Händen die Schultern greifen. So stabilisieren Sie den oberen Brustkorb und den Nacken für einen Moment, und der Atem kann vollkommen frei und tief in den unteren Brustkorb fließen und sich bis in den Bauchraum ausdehnen. Wenn Sie dies eine Weile üben, können Sie die Geste mit der Zeit auch weglassen und sich einfach darauf konzentrieren, den Oberkörper aufrecht und ruhig zu halten – Ihr Körper weiß dann, dass Sie sich entspannen.

Verstärken Sie das Ausatmen

Ein weiteres typisches Kennzeichen eines entspannten Atems ist die verlängerte Ausatmung. Wenn Sie merken, dass Stress in Ihnen aufsteigt, können Sie diesem Trend entgegenwirken, indem Sie ganz bewusst die Phase des Ausatmens verlängern.

Atmen Sie mit dem ganzen Körper

Atmung ist so etwas wie eine ununterbrochene Minimassage für unsere Muskeln und Organe. Wenn Sie sich beim Atmen vorstellen, wie jede Zelle Ihres

Schenken Sie Ihrem Atem Aufmerksamkeit

Manchmal genügt es schon, sich einfach für einen Moment auf den Atem zu konzentrieren – egal wie schnell oder langsam Sie gerade atmen. Richten Sie Ihre Aufmerksamkeit ganz auf den Wechsel zwischen Ein- und Ausatmung und beobachten Sie, wie sich allein durch die Beobachtung dieses fließenden Wechsels Ruhe und Gelassenheit einstellt und Sie sich bereit fühlen, Ihr Herz zu öffnen.

Körpers erfrischt und mit neuer Energie versorgt wird, geraten Sie ganz automatisch in einen leichten und gelassenen Zustand, in dem es schwerfällt, Stress zu entwickeln.
Schon eine kurze konzentrierte Atemphase mit geschlossenen Augen im Bewusstsein, den ganzen Körper zu »beatmen«, kann es Ihnen erlauben, sich in Situationen, in denen Sie üblicherweise mit Anspannung reagieren, auf der Herzensebene auf andere Menschen einzulassen.

Schritt 5: Gut für sich sorgen

Wir werden immer wieder Menschen begegnen, die uns an uns zweifeln lassen, denen wir uns unterlegen fühlen und die uns mit dem Gefühl zurücklassen, unser Leben nicht in der Hand zu haben. Wir haben den Eindruck, dass sie in der Lage sind, uns die Lebenskraft zu nehmen und uns hilflos zu machen. Wir fühlen uns als Opfer.

Raus aus der Opferrolle

Es nutzt in aller Regel wenig, wenn wir uns auf einer rein gedanklichen Ebene klarmachen, dass wir auf eine gewisse Weise dem anderen auch Macht über uns eingeräumt haben. Die Richtigkeit dieses Gedankens lässt sich zwar nicht von der Hand weisen, doch kann er zum falschen Zeitpunkt gedacht unser Gefühl, nicht Herr über unser Leben zu sein, verstärken: Wir könnten denken, dass wir an unserem Leiden, unserer Ohnmacht im Grunde selbst schuld sind, dass wir unfähig sind, uns gegen die Übergriffe anderer zur Wehr zu setzen – und schon steigern wir uns in ein negatives Selbstbild hinein, das den Fluss unserer Lebensenergie noch weiter abwürgt.

Hören Sie auf, sich die Schuld zu geben

Daher meine erste und zugleich wichtigste Empfehlung, wenn Sie aus der Opferrolle hinauswollen: Hören Sie auf, sich die Schuld zu geben. Hören Sie überhaupt auf, irgendjemandem die Schuld zu geben. Sie werden merken, wie sehr es Sie erleichtert, sich nicht mehr die Schuldfrage stellen müssen.

Übernehmen Sie Verantwortung

Die zweite Empfehlung lautet: Übernehmen Sie die Verantwortung für Ihre Zukunft! Das heißt, werden Sie sich bewusst, dass Sie nichts für oder gegen den anderen tun können, sondern nur für sich selbst. Der einzige Mensch, den Sie wirklich und wahrhaftig ändern können – das sind Sie! Wenn Sie erwarten, dass der andere sich verändert, dann riskieren Sie, viel Zeit mit Hoffen und Bangen zu verlieren, um am Ende möglicherweise noch tiefer enttäuscht zu werden.

Werden Sie aktiv

Nur wenn Sie selbst aktiv werden, können Sie sich darauf verlassen, dass Ihr Leben die Wendung nimmt, die Sie ihm geben möchten. Sie werden merken: Wenn Sie Ihr Leben verändern, verändern sich auch die Beziehungen zu den Menschen, die Sie umgeben. Diese Veränderung ist nicht vorhersehbar, aber sie wird geschehen. Und wenn Teil Ihrer Veränderung ist, die Opferrolle abzulegen, dann werden zugleich auch diejenigen, als deren Opfer Sie sich bislang gefühlt haben, ihre Täterrolle ablegen – einfach weil Sie aufgehört haben, Opfer zu sein.

Als ich Opfer war

Erinnern Sie sich bitte an eine Situation in Ihrem Leben, in der Sie sich als Opfer eines anderen Menschen gefühlt haben. Dabei geht es nicht darum, die schwierigsten und drastischsten Situationen zu wählen, sondern im Gegenteil solche, in denen Sie fast unbewusst in die Opferrolle gerutscht sind. Typisch dafür sind Situationen, in denen Sie sich beispielsweise vor den Karren eines anderen haben spannen lassen, weil Sie nicht nein sagen konnten. Oder Sie ertappen sich dabei, wie Sie für jemanden Dinge tun, die Sie normalerweise nicht tun würden, weil Sie glauben, dass Sie sonst die Zuneigung des anderen verlieren oder in seinem Ansehen sinken könnten.

Immer dann, wenn wir den Eindruck haben, ein anderer benutzt uns für seine Zwecke, werden wir zum Opfer. Immer dann, wenn wir ja sagen, aber nein meinen, werden wir zum Opfer. Immer dann, wenn wir unsere eigenen Bedürfnisse verleugnen und uns den Bedürfnissen anderer unterordnen, aus Angst ihre Anerkennung zu verlieren, werden wir zum Opfer.
Beschreiben Sie in einem ersten Schritt die Situationen aus der Beobachter-Perspektive. Was konnte ein Außenstehender sehen? Welche Protagonisten gab es in der Szene? Wer sagte was zu wem? Wie waren die Umstände der Situation? Wie kam es dazu?

Was will ich eigentlich?

Im nächsten Schritt versetzen Sie sich dann zurück in diese Situation. Malen Sie sich alle Gegebenheiten so detailgetreu wie möglich vor Ihrem inneren Auge aus – gehen Sie ganz in das Erleben hinein. An irgendeiner Stelle werden Sie merken, dass Anspannung aufsteigt. Es ist der Moment, in dem Sie spüren, dass sich Ihre Bedürfnisse von denen Ihres Gegenübers unterscheiden. Sie entscheiden in diesem Augenblick: Übernehme ich die Regie – oder der andere? Welche Signale kommen vom anderen? Ist es vielleicht ein Satz, der gesagt wurde? Eine Geste? Ein Blick? Die Stimmlage?
Bleiben Sie bei diesem Augenblick, so als ob Sie auf die Pause-Taste Ihres

DVD-Players gedrückt hätten – und entspannen Sie sich. Kehren Sie Ihre Aufmerksamkeit ganz nach innen, treten Sie in Verbindung mit Ihrem Herzen und überprüfen Sie: Was wollte ich wirklich in dieser Situation? Was war mir wichtig? Lassen Sie das Bedürfnis auftauchen.

Vielleicht kommen Ihnen Sätze in den Sinn wie: »Mein Gegenüber hat so nett gelächelt, als er mich fragte, ob ich den Auftrag für ihn erledige, weil er lieber zum Bowling gehen wollte – aber in diesem Moment hatte ich das Bedürfnis nach Ruhe. Ich wollte Feierabend machen.« Oder: »Meine Mutter hatte diesen komischen Befehlston in der Stimme, als Sie sagte, ich müsse jetzt sofort zu ihr kommen, weil es ihr schlechtginge – aber in diesem Moment hatte ich das Bedürfnis nach Spaß und wollte eigentlich lieber mit meinen Freunden ausgelassen feiern.« Oder: »Mein Freund hat mich so vorwurfsvoll angesehen, als ich noch Sahne zu meinem Kuchen nehmen wollte – aber in diesem Moment hatte ich das Bedürfnis nach Genuss.«

Zwei Bedürfnisse in Ihrer Brust

Sie wissen also, was Sie eigentlich wollten – doch warum ist es Ihnen nicht gelungen, dieses Bedürfnis durchzusetzen? Wie kommt es, dass Sie sich in diesem Augenblick Ihrem Gegenüber und seinen Bedürfnissen unterordnen? Etwas in Ihnen ist sehr bereit, sich selbst zurückzunehmen und dem anderen das Feld zu überlassen. Ein Teil in Ihnen findet es in Ordnung, die eigenen Bedürfnisse zurückzustecken, um den Bedürfnissen Ihres Gegenübers Raum zu geben. Welcher Teil in Ihnen ist das? Was in Ihnen war in diesem Augenblick stärker als der Wunsch nach Durchsetzung Ihrer eigenen Bedürfnisse? Überlegen Sie: Welches andere Bedürfnis in Ihnen führt dazu, dass Sie sich zu einem Ja überreden lassen, wo Sie eigentlich ein Nein setzen möchten? Was war Ihnen in diesem Augenblick noch wichtig und sogar wichtiger? Bleiben Sie an der Stelle der Situation, in der Ihre Entscheidung gefallen ist, dem Bedürfnis des anderen nachzugeben, und entspannen Sie sich. Nehmen Sie Kontakt mit Ihrem Herzen auf und prüfen Sie nun innerlich nach:

Welches andere Bedürfnis hat sich Ihrem ersten Bedürfnis entgegengestellt?

Diese Frage ist manchmal nicht leicht zu beantworten. Vielleicht helfen Ihnen folgende Beispiele: »Ich habe der Kollegin die Arbeit abgenommen, obwohl ich eigentlich nur noch meine Ruhe wollte, weil mir Kollegialität und Hilfsbreitschaft wichtig sind.« Oder: »Ich habe das Treffen mit meinen Freunden abgesagt und bin zu meiner

Mutter gefahren, obwohl ich mich eigentlich schon den ganzen Abend darauf gefreut hatte, weil ich mir Sorgen gemacht habe und mir die Beziehung zu meiner Mutter sehr viel bedeutet.«

Entscheiden Sie bewusst

Was haben Sie aus dieser Übung bislang gelernt? Sie haben erfahren, dass Sie in solchen Momenten zwei Bedürfnisse in sich trugen und dass Sie sich für das eine oder das andere entscheiden mussten. Sie haben sich für das entschieden, welches vordergründig mit dem Bedürfnis Ihres Gegenübers nicht übereinstimmte – aber im Hintergrund wirkte ein anderes Bedürfnis, das stärker war und den Ausschlag für Ihr Verhalten gegeben hat. Und noch etwas können Sie sehen: Dieses zweite Bedürfnis ist ebenso wertvoll wie das erste! Es spricht absolut nichts dagegen, seinem Bedürfnis nach Hilfsbereitschaft, nach Fürsorge und nach Gesundheit nachzugehen. Im Gegenteil: Dahinter verbergen sich oft hohe ethische Maßstäbe, die es verdienen, wertgeschätzt zu werden.

Machen Sie aus einer Stärke keine Schwäche

Doch was ist anders in diesen Augenblicken, in denen wir es zulassen, zum Opfer zu werden? Ganz einfach: Wir entscheiden uns nicht freiwillig dafür. Wir haben das Gefühl, keine Wahl zu haben. Wir fühlen uns unter Zwang – und am Ende fühlen wir uns ausgenutzt. Manche sagen dann so etwas wie: »Ich sollte es so machen wie die anderen und nie wieder hilfsbereit sein« oder »Ich sollte mich mehr um mich als um andere kümmern – dann wäre ich glücklicher«. Damit werten Sie einen Teil von sich ab, der für Sie eigentlich einen hohen Wert darstellt. Sie machen aus einer Stärke eine Schwäche – und verurteilen sich dafür. Wenn Sie für sich erkennen, dass ein sehr liebenswerter Teil von Ihnen dafür verantwortlich ist, dass Sie manchmal ja sagen, wo Sie nein meinen, werden Sie aufhören, sich als Opfer zu sehen. Sie werden verstehen, dass das Unangenehme dieser Situation darin bestand, dass Sie sich nicht frei entscheiden konnten, welchem Bedürfnis Sie Raum geben.

Sie haben die Wahl

Das Ende der Opferrolle beginnt dann, wenn Sie die Kraft in sich spüren, selbst zu entscheiden, welchem Bedürfnis Sie die Erlaubnis geben, Ihre Handlungen zu steuern. Es geht darum, die Wahlfreiheit wiederzuerlangen. Und der erste Schritt auf dem Weg dahin ist, dass Sie das Bedürfnis, einen anderen Menschen in seinen Bedürfnissen zu bestätigen und die eigenen dabei zurückzustellen, nicht abwerten. Es handelt sich um eine wertvolle Fähigkeit. In einem zweiten Schritt müssen Sie sich klar werden, dass diese Fähigkeit umso wertvoller ist, wenn Sie freiwillig von Ihnen eingebracht wird und nicht unter Druck. Überlegen Sie: Wie wäre es, wenn Sie sich ganz bewusst und freiwillig dazu entschließen würden, den Bowlingabend mit Ihren Freunden abzusagen, um Ihre Mutter zu besuchen? Wenn Sie aus eigenen Stücken einen Auftrag annehmen oder eben nicht? Wenn Sie ja sagen, auch wenn Sie nein sagen möchten, aber Sie sich zu diesem Ja entschlossen haben?

Der wesentliche Unterschied besteht darin, dass die freie Entscheidung einen Zuwachs an Selbstbewusstsein bedeutet, während das automatische Ja-Sagen auf der Grundlage von Verlustängsten nur auf Kosten Ihrer Lebensqualität funktioniert. In dem einen Fall gewinnen Sie durch den Verzicht auf ein Bedürfnis – im anderen Fall müssen Sie einen Preis dafür bezahlen. Raus aus der Opferrolle heißt: Sie sollten zu jeder Zeit in der Lage sein, sich frei zwischen einem Ja und einem Nein entscheiden zu können.

Tipp: Eine Atempause gibt Ihnen nicht nur Gelegenheit, sich kurz zu entspannen, sondern Sie machen Ihrem Gegenüber auch klar, dass Ihre Begegnung auf gleicher Augenhöhe stattfindet, denn Sie gestalten den Prozess der Entscheidung. Wenn der andere etwas von Ihnen will und Sie der Einzige sind, der ihm das gewähren kann, dann wird er Ihnen auch diese Bedenkzeit einräumen. Für Sie entsteht eine wichtige Zeitspanne, in der Sie mit den beiden widerstreitenden Bedürfnissen Kontakt aufnehmen können und sich für ein Ja oder ein Nein entscheiden können.

Die Kunst des Nein-Sagens

Wenn Sie wieder in eine Situation kommen, in der Sie sich zwischen dem Bedürfnis nach Distanzierung und dem nach Verbindung hin und her gerissen fühlen, und Gefahr laufen, sich automatisch für ein Ja zu entscheiden, dann entspannen Sie sich zunächst einmal. Sie wissen: Nur in der Entspannung haben wir wirklich Kontakt zu unserem Herzen und können spüren, was wir wirklich wollen.

Verschaffen Sie sich eine Atempause

Sie kennen jetzt ja bereits einige Möglichkeiten, wie Sie die Entspannung einladen können: den Oberkörper aufrichten, mit dem Bauch atmen, den Atem intensivieren und durch den Körper strömen lassen. Auch wenn Sie darin schon einige Übung erlangt haben, benötigen Sie in der Regel ein wenig Zeit, um sich zu sammeln. Daher ist die erste Empfehlung, die ich Ihnen für ein solchen Situation gebe: Verschaffen Sie sich eine Atempause. Wenn jemand Sie mit einer Bitte überrumpelt oder Sie sich bedrängt fühlen, etwas zu tun, was Ihrer Überzeugung spontan widerspricht – dann bitten Sie um Bedenkzeit. Sagen Sie einfach: »Das kann ich nicht spontan entscheiden, ich gebe Ihnen in einigen Minuten Bescheid.« Oder: »Das würde ich mir gern kurz überlegen – ich ruf dich gleich zurück.« Oder aber: »Das überrascht mich jetzt. Warte einen Moment, ich sage dir gleich, was ich darüber denke.« Sie können auch sagen: »Ich bin gerade noch mit etwas anderem beschäftigt, ich melde mich gleich.«

Schritt 6: Erwartungen abbauen

Noch bevor Sie sich auf der Ebene des Herzens mit einem Menschen verbinden, versuchen bestimmte innere Anteile in Ihnen, den Kontakt zu unterbinden. Denn: Es ist eine Sache, die Schwierigkeiten beim Aufbau der Herzenskommunikation zu überwinden, eine andere, Herzenskommunikation überhaupt zuzulassen.

Ich liebe dich nur, wenn ...

Einen wichtigen Anteil an dieser Blockade haben unsere Erwartungen und Hoffnungen. Sie wirken wie ein Filter, durch den wir nur diejenigen Menschen an uns heranlassen, die diesen Erwartungen gerecht werden. Dadurch glauben wir, schneller das zu bekommen, was wir wollen. Allerdings werden auch Sie die Erfahrung gemacht haben, dass diese Erwartungshaltung nicht davor schützt, enttäuscht zu werden. Wie oft haben wir uns in einem Menschen geirrt, hielten ihn für perfekt – nur um letzten Endes herauszufinden, dass er auf Dauer unseren Ansprüchen nicht standhalten würde.

In diesem Schritt geht es genau um diese Erwartungen. Und es geht darum, sie zu hinterfragen. Denn nur wer Erwartungen hat, kann enttäuscht werden. Und wenn sich in uns Enttäuschung an Enttäuschung reiht, wird das in zunehmendem Maße unser Vertrauen erschüttern, und wir verlieren den Glauben, dass ein echtes Verbundensein mit anderen Menschen für uns möglich ist. Jede Enttäuschung führt dazu, dass unsere Erwartungen immer stärker werden – und damit zu einem massiven Bollwerk werden, das unsere Begegnungsfähigkeit ganz erheblich einschränkt.

Hinterfragen Sie Ihre Erwartungen

Es geht nicht darum, alle Erwartungen abzulegen. Jede Erwartung, die sich in uns ausgebildet hat, hat sicherlich auch ihre Berechtigung. Aber es gilt zu prüfen, inwieweit unsere Erwartungen einen besonderen Anteil daran haben,

dass wir glauben, keine zufriedenstellenden Beziehungen in unserem Leben aufbauen zu können. Wenn dies so ist, dann könnte es nützlich sein, sie auf ein Maß zurechtzurücken, das es uns erlaubt, wieder freier und offener auf andere Menschen zuzugehen. Wir erhöhen dadurch unsere Wahlmöglichkeiten, denn je weniger Kriterien ich an die Welt anlege, umso vielfältiger kann sie sich mir präsentieren.
Sie sind bereit, Ihre Glaubensvorstellungen in Bezug auf Liebe und Partnerschaft zu beleuchten und zu hinterfragen? Dann notieren Sie bitte zunächst alle Erwartungen, die Sie an eine gute Beziehung stellen. Was erhoffen Sie sich?

Das Wesen der Erwartung ist Bedingung

Erwartungen haben nichts mit der Gegenwart zu tun, sondern mit der Zukunft. Entweder wir freuen uns auf das, was wir erwarten, oder wir fürchten uns davor. In beiden Fällen aber beziehen wir uns auf etwas, das jetzt noch gar nicht ist – und genau das ist das Problem. Erwartungen täuschen uns eine Gewissheit vor, die wir nicht haben können. Sie stellen Bedingungen an die Zukunft, von denen wir nicht wissen können, ob sie sich erfüllen werden oder nicht. Und jede Form von Bedingung ist eine Einschränkung der Möglichkeiten.

Je mehr Erwartungen ich habe, umso weniger kann ich aus der Vielfalt schöpfen, die mir das Morgen bieten kann.

Wenn ich zudem Gefühle wie Freude, Angst oder Trauer mit meinen Erwartungen verbinde, dann gebe ich der Zukunft heute schon eine Gestalt, die sie morgen vielleicht gar nicht haben wird.

Die Zukunft ist noch nicht entschieden

Kennen Sie das? Sie haben eine Freundin, die sich nicht gerade mit Ruhm bekleckert, wenn es darum geht pünktlich zu sein. Da Ihnen dies in der Vergangenheit öfters aufgefallen ist, gehen Sie mittlerweile davon aus, dass Ihre Freundin auch zur nächsten Verabredung zu spät kommen wird. Und siehe da: Es geschieht tatsächlich. Vielleicht ertappen Sie sich dann bei einem Spruch wie: »Ich habe es doch gewusst« oder »Das war ja klar«.
Das ist kein Thema, solange es Ihnen egal ist, ob Ihre Freundin zu spät kommt oder nicht. Doch wenn für Sie Pünktlichkeit ein hoher Wert ist, dann stört Sie diese Verhaltensweise sehr wahrscheinlich, und es kann sein, dass Sie sich schon beim Verabreden mit ihr unwohl fühlen, denn Sie erwarten, dass sie Sie wieder versetzen oder deutlich zu spät kommen wird. Vielleicht ma-

len Sie sich bereits in schillernden Farben aus, wie Minute um Minute verstreicht, während Sie auf Ihre Freundin warten müssen – kostbare Zeit, die Sie gern mit etwas anderem verbringen würden. Es geht Ihnen jetzt schon schlecht, obwohl der Tag der Verabredung vielleicht noch weit weg ist. Sie beginnen bereits an der Zukunft zu leiden, obwohl die Zukunft noch gar nicht entschieden ist. Und wer weiß – vielleicht kommt Ihre Freundin diesmal auf die Minute pünktlich. Dann war der ganze Stress umsonst …

Erwartungen blockieren die Zukunft

Wenn Erwartungen an die Zukunft mit Gefühlen verbunden sind, können Sie eine große Macht auf uns ausüben. Sie werden zu Bedingungen an die Zukunft und sogar zu Bedingungen an unser Glück: »Erst wenn sich die Bedingung XY erfüllt, werde ich wirklich glücklich sein können.« Ersetzen Sie XY mit einer x-beliebigen Sache – Reichtum, Schönheit, Erfolg, Partnerschaft, Familie, Sex etc. –, und Sie haben Ihre individuelle Formel gefunden, sorgenvoll in die Zukunft zu blicken.

Wer mit dem Blick der Erwartungen auf sich selbst und auf andere sieht, wird sich schwertun, einen unbefangenen Herzenskontakt herzustellen. Immer werden sich die Bedingungen dazwischenschieben und die Brücke zwischen den Herzen blockieren.

Nehmen Sie andere in ihrer ganzen Vielfalt wahr

Etwas zu erwarten heißt, die Zukunft einengen. Der Vorteil: Dadurch wird sie planbarer und wir fühlen uns sicherer. Es ist einfacher für uns, andere Menschen durch die Brille unserer Vorannahmen zu sehen – die Freundin ist eben immer unpünktlich. Indem wir andere Menschen im Lichte unserer Erwartungen betrachten, beeinträchtigen wir aber nicht nur unsere Möglichkeiten, die Zukunft anders zu erleben, wir beschneiden auch unsere Wahrnehmung anderer Menschen und nehmen ihnen etwas von der lebendigen Vielfalt, die sie abseits unserer Vorstellungen haben. Wir reduzieren andere Menschen auf die Schablone, die wir für sie bereitgestellt haben.

Lassen Sie Veränderungen zu

Erwartungen nehmen uns das Vertrauen, dass Veränderung möglich ist. Veränderung aber ist das Wesen von Beziehung. Denken Sie an Qi: Es fließt und wandelt sich. Es passt sich an und sucht sich neue Wege. Mit unseren Erwartungen zwingen wir die Energie zwischen uns und den anderen in starre Kanäle – und wir sind weit entfernt davon, auf der Ebene der Herzen mit unserem Gegenüber kommunizieren zu können.

Erwartungen sind Quelle von Kritik und Zwang

Kommunikation zwischen Menschen, die auf Erwartungen basiert, erleben wir in der Regel als versteckte Kritik. Wenn Sie zu Ihrer Freundin sagen: »Ich kann doch wohl erwarten, dass du dieses Mal pünktlich bist«, wird sie das mit aller Wahrscheinlichkeit als Angriff empfinden, denn hinter Ihrer Forderung ist deutlich zu hören, dass Sie unzufrieden mit ihrem Verhalten sind. Und da die meisten Menschen schon von Kindesbeinen an gewöhnt sind, dass man mit ihnen auf der Basis von Forderungen kommuniziert, hinterfragen die wenigsten solche Sätze, sondern nehmen sie einfach hin – sehr wahrscheinlich mit einem schlechten Gewissen.

Vielleicht wird Ihre Freundin sich wirklich das nächste Mal bemühen, pünktlicher zu sein. Aber hat sie es dann freiwillig und gern getan? Wohl kaum. Ihr Motor war, sich nicht noch einmal eine Rüge einzuhandeln. Es dürfte Ihnen jedoch klar sein, dass es sehr schwer ist, mit dem Herzen zu kommunizieren, wenn es gleichzeitig darum geht, gegen sein schlechtes Gewissen anzukämpfen.

Erwartungen erzeugen Druck

Erwartungen, ob sie ausgesprochen werden oder nicht, erzeugen Druck in Beziehungen – und jeder Mensch versucht, Druck instinktiv auszuweichen. Wenn wir uns zu etwas gezwungen fühlen, fällt es uns schwer, das gern zu machen. In manchen Partnerschaften ist der Druck der Erwartungen so groß, dass er wie eine dunkle Wolke über der Beziehung schwebt und die Lebensfreude komplett aufsaugt. Das liegt daran, dass Druck und Zwang Herzenskommunikation und das Fließen des zwischenmenschlichen Qi unmöglich machen. Sie erzeugen Barrieren und Gräben und verhindern, dass sich Brücken zwischen unseren Herzen aufbauen können.

Der Hintergrund meiner Erwartungen

Betrachten Sie noch einmal die Liste der Wünsche, Erwartungen und Hoffnungen, die Sie an eine Beziehung stellen (siehe Seite 102 f.) und überlegen Sie: Jede Erwartung baut ein Hindernis zwischen Ihnen und meinem Gegenüber auf. Und Sie wissen: Jedes Hindernis übt im Grunde eine Schutzfunktion aus, hat eine Botschaft für uns, die uns auf etwas aufmerksam machen möchte. Vor welcher Enttäuschung möchte Sie dann diese Erwartung bewahren? Wählen Sie aus der Liste Ihrer Erwartungen eine beliebige aus und prüfen Sie, was hinter ihr steckt:

Mit meiner Erwartung nach … möchte ich mein Bedürfnis … schützen.

Wäre es nicht besser, anstatt der Erwartung, genau dieses Bedürfnis dem anderen gegenüber zum Ausdruck zu bringen? Sie haben in den vorangegangenen Schritten bereits erfahren: Wenn wir auf der Ebene der Bedürfnisse miteinander kommunizieren, sprechen wir auf der Ebene der Herzen. Anstatt also Pünktlichkeit zu fordern, erzählen Sie Ihrer Freundin, wie wichtig es Ihnen ist, Ihre Zeit sinnvoll zu verbringen. Anstatt Ihrem Partner die Pistole auf die Brust zu setzen und zu sagen: »Wenn du mich wirklich liebst, bringst du den Müll runter«, zeigen Sie ihm, dass Sie sich mehr Unterstützung wünschen. Anstatt von Ihren Kindern zu fordern, sich bei Ihrer Nachbarin zu entschuldigen, vermitteln Sie Ihnen, wie wichtig Ihnen Rücksichtnahme auf andere ist.

Erwartungen durch Wertschätzung verwandeln

Es gibt noch einen weiteren Grund, warum wir uns mit unseren Erwartungen auseinandersetzen sollten: Sie verraten uns etwas darüber, was wir uns vielleicht selbst geneigt sind zu versagen. Haben Sie sich schon einmal überlegt, was Ihr Gegenüber davon hat, wenn es sich nicht verhält, wie Sie es von ihm erwarten? Welchen Gewinn hat der andere dadurch, dass er sich Ihren Erwartungen widersetzt? Denken Sie an Ihre Freundin: Was hat sie davon, unpünktlich zu sein? Möglicherweise erfüllt sie sich dadurch ein Bedürfnis nach Selbstbestimmung. Und ist es nicht so, dass dies vielleicht auch ein Bedürfnis in Ihnen ist?

Überlegen Sie weiter: Warum sollten Sie von jemandem erwarten, etwas zu unterlassen, das ihm guttut? Was davon gönnen Sie sich vielleicht selbst nicht? Erwartungen können die Quelle von Neidgefühlen sein. Da Sie sich das, was sich der andere in Ihren Augen herausnimmt, selbst verwehren, werten Sie das Verhalten des anderen ab. Von da aus ist es nur ein winziger Schritt in die Richtung: »Ich mache alles richtig – der andere macht alles falsch!« Können Sie sich vorstellen, dass unter solchen Voraussetzungen auch nur ansatzweise eine Kommunikation von Herz zu Herz stattfinden kann?

Tipp: Wenn Sie sich dabei ertappen, wie Sie sich mit Ihren Erwartungen über einen anderen Menschen stellen, fragen Sie sich als Erstes: »Welches Bedürfnis in mir ignoriere ich, indem ich erwarte, dass ein anderer sich so verhält, wie ich es mir wünsche?« Und dann: »Wie ist es in meinem Leben um dieses Bedürfnis bestellt?«

Aus Erwartung wird Zuversicht

Wenn Sie auf diese Weise an Ihre eigenen Erwartungen herangehen, werden Sie entdecken, dass hinter all dem Druck, den Sie auf Ihr Leben und das der anderen ausüben, echte Bedürfnisse stecken. Diese Bedürfnisse können jedoch erfüllt werden – wenn sie klar und deutlich kommuniziert werden.
Indem ich dem anderen meine Bedürfnisse offenbare, kann ich ihn bitten, meine Bedürfnisse künftig besser zu berücksichtigen. Und weil ich weiß, dass meine Bedürfnisse nicht mehr oder weniger wert sind als die Bedürfnisse meines Gegenübers, kann ich mit einer ehrlichen Antwort auf diese Bitte leben. Aus der Erwartung wird die Zuversicht, dass sich unsere beiden Bedürfnisse erfüllen werden.

Tipp: Eine echte Bitte erkennen Sie daran, dass Sie auch ein »Nein« akzeptieren können. Wenn Sie merken, dass Ihre Bitte eine versteckte Forderung beinhaltet, dann versetzen Sie sich einmal in Ihr Gegenüber. Stellen Sie sich die Frage: Wie müsste ich meine Bitte formulieren, damit der andere sicher weiß, dass ich ihm die Freiheit lasse, meine Bitte zu erfüllen oder nicht? Erst dann gehen Sie wieder auf Ihr Gegenüber zu.

Schritt 7: Verantwortung übernehmen

Welche der Sätze aus Ihrer Kindheit, die Sie immer wieder zu hören bekommen haben, fallen Ihnen spontan ein? Vermutlich Sätze wie: »Sprich erst, wenn du gefragt wirst«, »Du musst deinen Teller immer leer essen« oder »Widersprich nie deinen Eltern, sie wissen, was gut für dich ist«.
Aus heutiger Perspektive erscheinen viele dieser Sprüche reichlich bizarr – wer würde sich schon so eine Einschränkung seiner Persönlichkeit als Erwachsener gefallen lassen? Aber freuen Sie sich nicht zu früh: Die Regeln, die wir als Kind eingeimpft bekommen haben, sind auch heute noch in uns aktiv. Nur sind wir uns dessen nicht immer bewusst. Auch wenn wir heute über diesen Regeln zu stehen glauben, haben sie uns noch an vielen Stellen unseres Lebens in der Hand und funktionieren prächtig – gerade wenn es darum geht, Herzenskommunikation erfolgreich zu verhindern.

Unsere »inneren Richter«

Nicht nur unsere Erwartungen verhindern, dass wir auf der Ebene des Herzens einem Menschen begegnen, sondern auch Regeln aus längst vergangenen Tagen, die sich in uns eingenistet haben und sich immer dann zur Stelle melden, wenn wir unbefangen auf einen Menschen zugehen wollen. Diese Regeln können sehr individuell sein. Es sind persönliche Glaubenssätze, die irgendwann einmal uns gegenüber als Forderung formuliert wurden und die wir dann für unser ganzes Leben verallgemeinert haben.

Nicht immer haben sie ihren Ursprung in der Kindheit, aber die stärksten kommen sicherlich aus den Tagen unserer Erziehung. Sie sind wie innere Richter, die unser Verhalten beeinflussen und uns in jeder Lebenslage mit Vorschriften darüber versorgen, was wir zu tun und zu lassen haben.

Immer, nie und sowieso

Kennen Sie Ihre inneren Richter? Sie erkennen sie daran, dass zu ihrem Wortschatz unbedingt Wörter wie »immer«, »nie«, »auf keinen Fall«, »du musst«, »du darfst nicht», »ich sollte« usw. gehören.

Typisch ist auch, dass ihre Forderungen oft genau dann auftauchen, wenn wir gerade Lust bekommen haben, das Gegenteil davon zu tun. Sie wollten sich gerade einen gemütlichen Fernsehabend mit Ihrem Partner gönnen? »Du musst erst deine Arbeit erledigen, dann kannst du Spaß haben!« Sie haben schöne Schuhe im Schaufenster entdeckt und möchten sie gern kaufen? »Gib dein Geld nur für nützliche Dinge aus!« Sie wollten gerade Ihrem Chef die Meinung sagen? »Einem Vorgesetzten darfst du nicht widersprechen!«

Regeln, die Ihrem Beziehungsglück im Weg stehen

Diese inneren Richter mischen sich auch dann besonders gern ein, wenn es darum geht, eine glückliche Beziehung aufzubauen. Gerade, wenn es uns so richtig gutgeht und wir glücklich in die Zukunft schauen, erheben sie ihre Stimme und fangen an, unser Glück in Frage zu stellen. Sie machen es uns nicht gerade leicht, uns auf einen anderen Menschen unbefangen einzulassen: »Du darfst deine Gefühle nicht zeigen, sonst wirst du ausgenutzt«, »Vertrauen ist gut – Kontrolle ist besser«, »Stell deine Bedürfnisse niemals in den Mittelpunkt, sonst wird er dich verlassen«, »Du darfst unter keinen Umständen Schwächen zeigen, sonst verliert sie das Interesse an dir« (»Echte Männer weinen nicht«) – das sind nur einige typische Beispiele dafür, wie innere Richter in uns wirken.

Überlegen Sie: Welche inneren Richter wirken bei Ihnen, wenn es darum geht, Beziehungen zu einem anderen Menschen aufzubauen? Welche Regeln, glauben Sie, erst erfüllen zu müssen, bevor Sie glücklich sein dürfen? Welche überholten Glaubenssätze verhindern, dass Sie sich frei und ungezwungen auf einen anderen Menschen zubewegen können?

Von den vielen möglichen, die Ihnen jetzt sicherlich eingefallen sind, wählen Sie drei aus und notieren sie auf der nächsten Seite:

Drei Glaubenssätze

1. In Beziehungen darf ich nie / muss ich immer / macht man nie …

2. In Beziehungen darf ich nie / muss ich immer / macht man nie …

3. In Beziehungen darf ich nie / muss ich immer / macht man nie …

Lesen Sie sich diese Sätze jetzt bitte einmal mit lauter und fester Stimme vor – so wie es Ihr innerer Richter tun würde. Sie können den Effekt auch noch verstärken, indem Sie einen Freund oder Ihren Partner bitten, Ihnen diese Sätze laut vorzutragen. Was können Sie an Ihren inneren Reaktionen beobachten? Wie geht es Ihnen damit? An welchen Stellen im Körper können Sie diesen Satz förmlich spüren?

Das innere Verbot

Der innere Richter meldet sich stets dann zu Wort, wenn Sie eigentlich etwas anderes wollen. Er verhindert also, dass Sie sich ein Bedürfnis erfüllen, das gerade in Ihnen geweckt wurde. Bitte überlegen Sie daher: Was genau wird Ihnen eigentlich durch Ihren inneren Richter untersagt? Welches Bedürfnis in Ihnen wird durch den inneren Richter mit einem Verbot belegt?
Wenn ich z. B. den inneren Richter in mir sagen höre: »Man darf sich nicht in den Mittelpunkt stellen«, gerade, wenn ich anderen etwas Wichtiges mitzuteilen habe und ich Angst habe, dass ich übersehen werde, dann ist das verbotene Bedürfnis möglicherweise mein Wunsch, mich mitzuteilen und gesehen zu werden. Welche Bedürfnisse werden Ihnen von Ihrem inneren Richter verboten?

Dem inneren Richter die Krallen ziehen

Beim Sammeln Ihrer inneren Richter werden Sie sehr wahrscheinlich eine interessante Entdeckung gemacht haben: Sie fühlten sich bei etwas Verbotenem ertappt, und schon stiegen Schuldgefühle auf. Das ist auch nicht weiter verwunderlich, denn einige von ihnen haben eine besondere Bedeutung für Sie, die Sie nicht missen wollen. Tatsächlich verbirgt sich hinter der autoritären Sprache der inneren Richter oft so etwas wie eine Lebenserfahrung, ein wahrer Kern. Der ist auch der Grund, warum wir sie so lange in uns getragen und ihnen nicht schon längst den Laufpass gegeben haben: Irgendetwas an ihrer Botschaft gibt uns Halt und Sicherheit. Wenn wir es genau bedenken, ist es in den meisten Fällen die Form, in der sich die inneren Richter an uns wenden, die uns missfällt.

Die Macht, zu gestalten

Deshalb möchte ich Sie jetzt einladen, dieser Botschaft eine andere Form zu geben. Das heißt, wir formen den inneren Richter in einen Satz um, hinter dem wir von ganzem Herzen stehen können. Nehmen wir z. B. den Satz »Du darfst dich nie in den Mittelpunkt stellen«. In einem ersten Schritt nehmen wir dem Satz seinen Befehlston und schreiben: »Ich kann mich nie in den Mittelpunkt stellen.« In diesem Augenblick übernehmen Sie die Verantwortung für den Satz – und geben sich die Macht darüber zurück, diesen Satz zu gestalten. Prüfen Sie auch, welche Unterschiede es nun macht, wenn Sie sich den so umgeformten Satz laut vorlesen.

So verliert der innere Richter seinen Schrecken

Dann nehmen Sie dem Satz seinen Absolutheitsanspruch und formulieren: »Ich kann mich manchmal in den

Mittelpunkt stellen.« Der Satz hat nun seine Bedrohlichkeit vollkommen verloren – er ist zur Möglichkeit geworden, zur Empfehlung. Diesen Effekt können Sie verstärken, wenn Sie ergänzen: »Ich kann mich manchmal in den Mittelpunkt stellen, wenn ich wahrgenommen werden möchte.« An dieser Stelle folgt das Bedürfnis, das durch das ursprüngliche Verbot des inneren Richters torpediert wird. Und schließlich können Sie die Wahlmöglichkeit, die in diesem Satz steckt, noch fördern, indem Sie anfügen: »Ich kann mich manchmal in den Mittelpunkt stellen, wenn ich wahrgenommen werden möchte und wenn ich mich dazu entschließe.«

Dieser umgewandelte Satz enthält immer noch die Botschaft Ihres inneren Richters, aber Sie merken: Er übt keinen Druck mehr auf Sie aus, weil er die Erlaubnis enthält, sich auch anders zu verhalten, wenn Sie dies wünschen. Sie können nun selbst entscheiden, wie Sie in der entsprechenden Situation verfahren werden. Und egal, was Sie dann tun: Sie werden es aus eigenen Stücken auf der Basis einer freien Entscheidung getan haben.

Nun sind Sie an der Reihe. Wandeln Sie nun bitte nach dem vorangehenden Muster Ihre inneren Richtersätze um. Prüfen Sie bei jeder Veränderung des ursprünglichen Satzes, welche Veränderungen insbesondere in der Körperwahrnehmung sich bei Ihnen eingestellt haben. Sie werden merken, dass der unmittelbare Druck, den die inneren Richter auf Sie ausgeübt haben, verschwunden ist und sich stattdessen ein Gefühl von Freiheit in Ihnen öffnen kann. Vielleicht sollten wir die so entschärften inneren Richter auch anders benennen: Sind sie nicht vielmehr zu inneren Freunden geworden, zu weisen Ratgebern, die daran glauben, dass wir die richtige Entscheidung selbst treffen können?

Vom inneren Richter zum inneren Freund

Lassen Sie uns noch einmal nachdenken: Warum konnten die inneren Richter so viel Macht über uns ausüben? Weil Sie uns die Verantwortung für unsere Entscheidungen abgenommen haben – und das ist in erster Linie kein unkomfortabler Zustand, denn wir müssen nicht lange überlegen, was richtig und was falsch für uns ist. Doch um welchen Preis gönnen wir uns diesen Komfort? Um den Preis, uns genau so in der Gegenwart von Menschen, denen wir unser Herz öffnen wollen, zu geben, wie wir sind. Wir bezahlen mit unserer Authentizität und unserer Selbstbestimmung. Wir schränken uns in unseren Wahlmöglichkeiten ein und damit auch in der Entwicklung unserer Fähigkeiten. Vielleicht haben Sie es bei der Transformation vom inneren Richter zum inneren Freund gemerkt:

Jedes Mal, wenn Sie den Satz umgeformt und ergänzt haben, erhöhte sich zugleich auch das Risiko, und eine neue Aufgabe tauchte auf. Es bedarf schon ein wenig Mut, ab sofort auf die inneren Freunde zu hören, denn dazu gehört der Wunsch, für sich selbst Verantwortung zu übernehmen.
Wer innere Freunde hat, der braucht seine inneren Richter immer weniger. Ihre inneren Freunde helfen Ihnen dabei, die Fäden Ihres Lebens wieder selbst in die Hand zu nehmen und selbstbestimmte, ehrliche Beziehungen zu anderen Menschen aufzubauen. Die Verantwortung für sich selbst und für die Beziehungen zu anderen Menschen wieder zu übernehmen, bedeutet sich als Schöpfer des eigenen Lebenssinnes begreifen.

Wohin jetzt? Auf zu neuen Ufern!

Sie sind am Ende Ihrer Reise zum Mittelpunkt Ihres Herzens angekommen. In sieben Schritten haben Sie sich auf eine vielleicht ganz neue Art und Weise kennengelernt, die es Ihnen ab sofort erlaubt, sich selbst als einen Menschen wahrzunehmen, der in der Lage ist, Kontakt mit seinem Herzen aufzunehmen. Und Sie haben erfahren, was Sie tun können, um künftig eine Brücke zwischen sich und den Herzen anderer Menschen zu bauen – als eine Voraussetzung für den Aufbau von glücklichen und sinnvollen Beziehungen. Um diese Beziehungen wird es im folgenden Kapitel gehen: Wir wenden nun unseren Blick von uns selbst auf das Miteinander mit anderen.

Mehr Raum für die Liebe

Mit Hilfe der Feng-Shui-Regeln können Sie Ihren Lebensraum so gestalten, dass er sich in kurzer Zeit in einen Kraftort der Liebe verwandelt: Durch geschickt eingesetzte Symbole und die richtige Anordnung Ihrer Möbel bringen Sie die Lebens- und Liebesenergie Qi wieder in den Fluss.

Die Liebesenergien in Ihrem Zuhause stärken

Die wichtigsten Konzepte im Feng Shui sind die von Qi und seinem »Gegenspieler« Sha, dem positiven und dem negativen Energiefluss. Diese beiden Ausdrucksformen der Kraft sind es, die unsere Welt in Bewegung halten: Qi verbindet Menschen, Sha hingegen bringt sie auseinander. Erst wenn der natürliche Qi-Fluss wiederhergestellt ist, kehren Versöhnung und Harmonie wieder ein.

Qi – sanfte Schwingung

Nehmen Sie sich einen Augenblick Zeit und spüren Sie dem Fluss Ihres Atems nach. Beobachten Sie, wie der Atem seinen Weg nach unten nimmt, die Lungen füllt und von dort aufsteigt, um unseren Körper wieder zu verlassen. Was für unseren Körper der Atem ist, ist Qi für unsere Lebensräume: So wie das rhythmische Ein- und Ausatmen dafür sorgt, dass wir frischen Sauerstoff aufnehmen und verbrauchte Luft wieder abgeben, sorgt Qi für einen gesunden »Stoffwechsel« in unserem Zuhause.

Qi entfaltet sich rhythmisch

Wir erkennen Qi an seiner schlangenförmigen Pendelbewegung: Wie unser Atem schwingt es auf und ab, hin und her. In der Natur findet Qi sein Vorbild im Lauf eines ruhig durch Wiesen und Felder sich dahin schlängelnden Baches: Er passt sich den natürlichen Formen der Landschaft an, zerstört sie nicht, sondern steuert sich an ihnen aus. Sein Wasser fließt beständig und gemächlich, ist rein und frisch. Da er sich in sanft geschwungenen Kurven durch das Land bewegt, kann sich an den Innenseiten der Biegungen urbare Erde ansammeln – die Grundlage für grüne Wiesen und fruchtbare Äcker. Dieses Bild verkörpert Qi in seiner optimalen Gestalt.

Sha – der »geheime Pfeil«

Das Gegenbild von Qi ist Sha. Auch Sha ist Energie, aber es ist Energie, die sich nicht rhythmisch entfalten kann: aus der sanften Pendelbewegung wird ein gerader Pfeil, der sich, einmal abgeschossen, unerbittlich auf sein Ziel zubewegt und mit zerstörerischer Wucht einschlägt. Stellen Sie sich einen Sturzbach vor, der auf seinem Weg ins Tal Stein und Erde mit sich reißt. Er kann kein Land links und rechts seines Laufes zusammentragen. Im Gegenteil: Das, was noch an fruchtbarer Erde vorhanden sein mag, wird mit in die Tiefe gerissen. Damit ist der Sturzbach ein Bild für Sha.

Qi und Sha im Haus

Geschwungene, dynamische Möbelanordnungen, gerundete Möbel, Pflanzen, abwechslungsreich und kreativ arrangierte Dekorations- und Kunstgegenstände, zurückgezogen wirkende Nischen und Winkel, die sich mit ausreichend zur Bewegung einladenden Flächen abwechseln – all das lässt die Lebens- und Liebesenergie in Ihrem Haus fließen.

Alle geschwungenen, runden Formen im Haus bringen Qi-Energie, alle langen, geraden Formen erzeugen Sha.

Folgende Gegenstände bzw. Anordnungen blockieren hingegen den freien Energiefluss: Scharfkantige Möbelstücke, in einer Reihe aufgestellte Möbel (z.B. im Großraumbüro: alle Schreibtische parallel zueinander), lange Treppen, Türen folgen in einer Reihe hintereinander, Säulen, Balken, Mauervorsprünge, Ecken, die in den Raum hineinragen.

Sha heilen und umwandeln

Wenn wir diese Situationen beheben wollen, können wir zunächst versuchen, die Energie des Sha in Schwingung zu versetzen, um sie so in Qi umzuwandeln. Ein Beispiel: In einem langgezogenen Flur wird die Energie zu einem Sha-Pfeil. Am besten, wir lassen die Aufmerksamkeit der Menschen in diesem Flur kontinuierlich von links nach rechts »pendeln«, etwa durch attraktive Wanddekorationen und Bilder oder durch eine geschickte Lichtführung. Dies verhindert Monotonie und ermöglicht, an den entsprechenden Stellen positionierte Gegenstände ins »rechte Licht« zu rücken. Ist dies nicht möglich, muss Sha-Energie blockiert oder zerstreut werden: Pflanzen beispielsweise können hervorragend Sha, das von scharfen Kanten oder von Säulen ausgeht, vernichten. Hierbei sind in erster Linie vielblättrige Grünpflanzen geeignet, deren Blätter nicht spitz zulaufen sollten, um selbst kein Sha zu erzeugen.

Drei Grundregeln

Beachten Sie bitte die folgenden drei Grundregeln: Sie gelten für alle Räumlichkeiten und sind die Grundlage für gutes Feng Shui im ganzen Haus.

Grundregel 1

Qi tritt stets durch die Eingangstüre des Raumes ein und sucht sich einen anderen Ausgang, der nach Möglichkeit dem Eingang schräg gegenüber liegt. Qi verlässt niemals den Raum durch den Ort, an dem es den Raum betreten hat – schließlich fließt das Wasser eines Flusses auch nicht zur Quelle zurück.

Grundregel 2

Der Qi-Fluss darf nicht blockiert werden. Daraus folgt, dass keine Möbel im Qi-Fluss plaziert sein sollten. Am wichtigsten ist aber, dass keine Möbelstücke, die von Menschen aktiv genutzt werden im Qi-Fluss stehen. Die günstigste Lage zum Qi-Fluss ist an seinen »Ufern« – so wie sich auch in der Natur die fruchtbare Erde rechts und links vom Wasser ablagert.

Grundregel 3

In jedem Raum gibt es einen Ort, an dem das Möbelstück seinen Platz finden sollte, welches dem Raum seine Definition verleiht, also das Bett für das Schlafzimmer, die Sitzgruppe im Wohnzimmer, der Schreibtisch im Arbeitszimmer etc. Dieser Ort befindet sich stets an der Stelle des Raumes, der am weitesten entfernt von der Türe liegt, die den wichtigsten Eingang zu dem Raum bildet.

Nur wenn alle Regeln berücksichtigt werden, ist der Qi-Fluss in einem Raum optimal eingestellt. Und erst dann sind weitere Maßnahmen wie beispielsweise das Anbringen von Symbolen sinnvoll.

Tipp: Plazieren Sie insbesondere Ihr Bett nicht unter einem Fenster, da Sie sich so in jedem Fall im Qi-Fluss befinden. Ein guter Platz hat schützende Wände in seinem Rücken. Wenn dies aufgrund der räumlichen Gegebenheiten nicht möglich ist, stellen Sie Paravents oder Grünpflanzen auf, die Sie zum offenen Raum hin abschirmen. Es ist gut, wenn Sie die Türe immer im Blick haben können. Insbesondere das Bett oder Ihr gemeinsamer »Kuschelplatz« (z.B. die Couch im Wohnzimmer) sollte weit genug von der Türe entfernt sein und dennoch einen guten Blick auf den Eingang zum Zimmer gewähren.

Mit dem Lebensraum Kontakt aufnehmen

Nehmen Sie sich viel Zeit, in Ihren Lebensräumen Qi und Sha aufzuspüren, bevor Sie konkrete Veränderungen vornehmen. Versuchen Sie herauszufinden, was der Raum, den Sie bewohnen, jetzt braucht. Wenn Sie in einer Beziehung leben, sollten Sie gemeinsam mit Ihrem Partner überlegen, wie

Sie Sha in Qi umwandeln können und den bereits vorherrschenden Qi-Fluss stärken und vermehren können.

Wie atmet Ihr Haus?

Am besten, Sie stellen sich Ihr Haus als einen lebenden Organismus vor und beobachten seinen Atemfluss: Wie Qi aus der Umgebung durch die Eingangstüren eingeatmet wird und durch die Fenster, hinteren Türen und das Dach ausgeatmet wird. Versuchen Sie, sich diesen Atem bildhaft als einen hellen, leuchtenden Strom vorzustellen, der durch alle Räumlichkeiten fließt, sie reinigt, nährt und stärkt. Bewegen Sie sich durch die Wohnung und spüren Sie diesem Energiefluss nach, am besten gemeinsam mit Ihrem Partner: Wo fließt er schneller, wo gemächlicher? Wo rauscht er wie ein Sturzbach vorwärts? Wo schlängelt er sich friedlich voran? Wie sind die Möbel plaziert? Bilden sich Oasen, die zum Verweilen einladen?

Raum für Raum den Qi-Fluss steigern

Jeder Raum hat im Feng Shui eine Bedeutung, die weit über seine Funktion als Aufenthaltsraum für uns Menschen hinausgeht. Vielmehr gehen wir davon aus, dass die Art und Weise, in der wir diese Räume gestalten, auch die Stimmung und das Leben der Bewohner auf eine ganz bestimmte Art und Weise beeinflusst.
Auf den nachfolgenden Seiten finden Sie die wichtigsten Tipps, um Ihr Zuhause in jeder Hinsicht optimal mit Qi zu versorgen, damit Sie als Single genügend Energie haben, um den Partner zu finden, der wirklich zu Ihnen passt, und als Paar, Ihrer Beziehung Kraft und Stabilität zu verleihen.

Der Eingangsbereich: Persönlichkeit

Mit Fug und Recht kann der Eingangsbereich als die Persönlichkeit Ihres Zuhauses betrachtet werden, da er die erste Station des Qi auf seiner Reise durch Ihr Haus ist: Welche Eindrücke auch immer dem Qi hier begegnen – sie prägen die gesamte Qualität des Hauses. Achten Sie daher sorgfältig darauf, was sich dem Auge des Eintretenden als Erstes bietet! Günstig ist, wenn der Eingangsbereich ein Ort der Sammlung ist, an dem man sich willkommen fühlt und alle Sorgen des Alltags vor der Türe lassen kann. Dies bewirken Sie z. B. durch ein schönes Blumengesteck oder ein Bild mit einem heiteren Motiv wie einem Wasserfall, welches den Eintretenden begrüßt. Der Raum sollte großzügig gestaltet sein und ein kreisförmiges Element wie einen runden Teppich oder eine runde Lampe aufweisen. Die besten Farben für den Eingangsbereich sind Grün und Blau.

Das Schlafzimmer: Intimität

Wenn es einen Bereich in der Wohnung gibt, der mit dem Thema Partnerschaft assoziiert wird, dann ist es das Schlafzimmer. In der Tat ist es für das Thema Beziehung der wichtigste Raum, denn hier verbringen wir gut ein Drittel unseres Lebens und davon im Idealfall eine nicht unbeträchtliche Zeit zusammen mit unserem Partner! Wenn Sie mit dem Ba Gua arbeiten, um Ihre Beziehung zu heilen und zu stärken, oder als Single sich die Kräfte des Qi zur Erfüllung Ihres Wunsches nach Zweisamkeit zunutze machen wollen, ist das Schlafzimmer der Raum, der als Erstes in Betracht gezogen werden sollte. Doch bevor dort Heilmittel, egal welcher Art angebracht werden können, muss der Energie-Haushalt in diesem Raum stimmen. Dazu ist es notwendig, einige ganz grundsätzliche Dinge zu berücksichtigen:
Günstig ist, wenn das Schlafzimmer ein geschützter Raum ist, der sich möglichst weit von der Eingangstüre entfernt befindet. Wegen der Lichtverhältnisse sollte es am besten nach Norden, Nordosten oder Osten weisen. Geeignete Farben sind alle warmen, hellen Erdtöne und Weiß.

Geborgenheit und Leidenschaft

Das Schlafzimmer ist ein Raum, in dem Intimität, das Gefühl von Geborgenheit, aber auch von Leidenschaft zum Ausdruck kommt. Dabei sollten Sie Folgendes beachten:

- Wählen Sie vorzugsweise weich fallende, samtige Stoffe für die Ausstattung. Kühle Seide, z. B. bei der Bettwäsche, sollte immer mit weichen Stoffen in der Umgebung (z. B. Vorhänge) kombiniert werden.
- Langflorige Teppiche erzeugen eine kuschelige und warme Atmosphäre. Auch Felle kommen in Frage.
- Schränke, Kommoden, Regale sollten eher breit als hoch wirken. Bevorzugen Sie deshalb horizontal angelegte Muster und vermeiden Sie senkrechte Strukturen.
- Die Beleuchtung sollte besser indirekt sein. Verwenden Sie Lichtquellen, die nach unten strahlen und gedämpft sind.
- Die Vorhänge sollten mindestens blickdicht sein. Verwenden Sie weich fallende Stoffe, die das Licht sanft tönen, aber nicht völlig abdunkeln. Auch Gardinen sind zu empfehlen.
- Besonders wichtig sind Position und Gestaltung des Bettes. Es sollte so plaziert werden, dass es möglichst weit von der Türe entfernt ist und einen Blick auf die Türe ermöglicht. Das Bett sollte am besten mit der Kopfseite an einer Wand abschließen und von beiden Seiten frei zugänglich sein. Steht das Bett mit einer Längsseite zur Wand, sollte der Abstand zwischen Wand und Bett mindestens 60 Zentimeter betragen.

Das Wohnzimmer: Offenheit

Im Feng Shui der Liebe steht das Wohnzimmer für den Grad an Offenheit, den eine Beziehung zu ihrer Umwelt entwickeln kann. Im Wohnzimmer begegnen sich die Partner am Ende des Tages, um sich auszutauschen oder gemeinsam gemütlich den Abend zu verbringen. Aber auch Gäste werden hier empfangen. Kurzum: Das Wohnzimmer ist ein Ort der Begegnung und der Geselligkeit.

Ein Zimmer, zwei Bereiche

In unserer Kultur erfüllt das Wohnzimmer zumeist zwei Funktionen: Es dient der Entspannung, wenn wir nach der Arbeit beim Fernsehen, beim Lesen oder beim Musikhören Entspannung suchen, oder der Gemeinschaft, wenn wir mit der Familie, unseren Freunden und Gästen zusammenkommen. Entsprechend müssen diese beiden Aspekte berücksichtigt werden. Günstig ist dabei ein Wohnzimmer, das genügend Raum bietet, aber nicht zu groß ist, damit es nicht seine schützende Funktion verliert. Pflanzen und Raum teilende Elemente wie Regale oder Paravents ermöglichen die Gliederung in einen entspannenden und einen kommunikativen Bereich.

Tipp: Für den entspannenden Bereich setzen Sie auf warme erdfarbene Töne, weiche Stoffe und horizontale, niedrige Formen. Für den kommunikativen Teil verwenden Sie helle Farben, runde Formen und viele Pflanzen. Plazieren Sie die Sitzgruppe so, dass die Sitzplätze möglichst weit von der Eingangstüre entfernt sind und niemand mit dem Rücken zur Tür und nach Möglichkeit auch nicht zum Fenster sitzen muss. Gut sind Anordnungen im Halbkreis, im Hufeisen und in »L«-Form.

Die Küche: Gemeinsamkeit

Die Küche gilt in der chinesischen Tradition als Hort von Wohlstand und Glück der Bewohner. Entsprechend sollte sie mit der notwendigen Sorgfalt eingerichtet und gestaltet werden. Günstig ist, wenn Sie vom Kochplatz aus den gesamten Raum überblicken und vor allem die Eingangstüre sehen können.

»Liebe geht durch den Magen«

Deshalb darf in einer Partnerschaft der Bereich Küche nicht unterschätzt werden, denn die Atmosphäre, die dort herrscht, hat einen entscheidenden Einfluss auf die Zubereitung der Speisen. Und die Qualität der Nahrung überträgt sich wiederum auf die Qualität der Beziehung. Selbst ein ganz gewöhnlicher Teller Spaghetti verwandelt sich in eine Riesenportion Liebe, wenn er mit der entsprechenden Haltung zubereitet wurde.

Bevor Sie dies aber tun, sollten Sie einen Blick auf folgende grundlegende Regeln für eine Küche werfen, die garantieren, dass nicht nur die richtigen Zutaten im Kochtopf landen, sondern auch jede Menge positiver Energien und eine Prise Glück: In der Gestaltung sollten alle fünf Elemente in Formen und Farben vertreten sein: z. B. Pflanzen und die Farben Grün/Blau für *Holz*, etwas Rot für *Feuer*, Steinboden und Kacheln sowie Erdtöne und Gelb für *Erde*, weiße Wände und Vorhänge für *Metall* und schließlich etwas Schwarz oder Dunkelblau (z. B. im Geschirr) für *Wasser*. Vorteilhaft ist auch, wenn Sie über dem Essplatz in einer Küche eine runde Lampe aufhängen. Sie schafft symbolisch das Gefühl von Gemeinschaft. Ideal sind darüber hinaus große, üppige Schüsseln, gefüllt mit Früchten und Gemüse auf dem Tisch oder an einem anderen sichtbaren Platz Ihrer Wahl.

Das Badezimmer: Reinheit und Verbundenheit

Dieser Raum scheint wahrlich magische Fähigkeiten zu besitzen, die seiner Zuordnung zum Element *Wasser* alle Ehre machen! Wir gehen morgens verschlafen und zerknittert hinein und kommen frisch und munter wieder heraus! Das Badezimmer befreit uns nicht nur vom äußeren Schmutz, sondern ist eine Quelle der Wandlung, der Transformation. Das hat sehr viel damit zu tun, dass der Akt der körperlichen Reinigung immer auch einen parallelen Prozess der inneren Reinigung bedeutet – wenn man sich Zeit dafür nimmt. Wasser besitzt eine Kraft, die nicht nur unsere physische Hülle vom Schmutz des Alltags befreit, sondern auch unsere Seele wieder frei und aufnahmefähig macht.

Hier einige allgemeine Empfehlungen, die Ihr Badezimmer zu einem Ort machen, an dem Sie als Single oder Paar Kraft tanken können: Setzen Sie vermehrt Entsprechungen des Elementes *Holz* ein – ein Holzboden, aber auch Badematten aus Holzlatten und natürlich schöne Grünpflanzen erzeugen das geeignete Klima. Verwenden Sie bevorzugt Farben aus dem Grün- und Blauspektrum zusammen mit Weiß und einigen Tupfern Dunkelblau, Grau oder Schwarz. Glas als Material (z. B. in Regalen und Ablagen) betont die *Wasser*-Qualität des Raumes.

Noch ein Wort zum »stillen Örtchen«. Der Toilette stehen Pflanzen und frische helle Farben genauso gut wie dem Badezimmer. Halten Sie den Toilettendeckel stets geschlossen – man sagt, dass das Glück spendende Qi durch einen geöffneten WC-Deckel sofort in die Kanalisation entweicht.

Nachklang

Nichts fördert unsere Entwicklung so sehr wie Beziehungen. Liebe schenkt uns die Möglichkeit, uns selbst neu zu entdecken und uns zu verändern. Es ist wie bei der Raupe, die zum Schmetterling wird: Liebe verwandelt uns und lässt das, was zuvor unscheinbar im Kokon unserer Persönlichkeit verborgen war, als bunten Falter im Sonnenlicht tanzen.

Bilanz des Herzens

In diesem Buch haben Sie sich auf eine Reise an das Herz Ihrer Beziehungsfähigkeit gemacht. Als Landkarte diente Ihnen dabei die Weisheit des Feng Shui. Mit Hilfe der Lehre von den fünf Elementen haben Sie Ihre Beziehungen analysiert und herausgefunden, was Sie wirklich brauchen. Sie haben das Muster der Ba Gua auf Ihr Herz angewandt und gesehen, nach welcher Liebe Sie sich gerade sehnen und welchen ersten Schritt Sie tun können, um das zu bekommen, was Sie sich von Herzen wünschen. Schließlich haben Sie auch Ihre Wohnumgebung betrachtet und sie in Einklang mit Ihren Herzenswünschen gebracht. Wenn Sie den Empfehlungen zur Gestaltung und Einrichtung Ihres Zuhauses nach den Kriterien des Feng Shui gefolgt sind, dann fließt nun mehr Qi durch Ihren Lebensraum. Damit kann sich die Herzensenergie, die uns mit anderen Menschen verbindet, nun besser entfalten und es wird Ihnen leichterfallen, Beziehungen aufzubauen, zu halten, zu klären und zu lösen.

Fassen Sie Ihre persönlichen Kenntnisse zusammen

Ich möchte Sie an dieser Stelle anregen, Ihre ganz persönliche Herzensbilanz zu ziehen. Diese Herzensbilanz soll Sie in den kommenden Tagen, Wochen und Monaten weiter begleiten, um die Erkenntnisse, die Sie aus diesem Buch gewonnen haben, wach zu halten und zu verstärken. Sie wird Sie immer wieder daran erinnern, dass Sie den ersten Schritt in ein neues Leben getan haben und dass Sie alles in sich tragen, um die nächsten Schritte allein und ohne Anleitung zu gehen. Es ist die Energie Ihres Herzens, die Sie von nun an tragen wird – so wie die sanfte Brise den Schmetterling trägt, während er von Blüte zu Blüte fliegt.

Für Ihre weitere Reise auf den Flügeln des Herzens wünsche ich Ihnen viel Kraft, Friede und Freude.

Listmaking:

Bitte stellen Sie sich folgende Fragen und beantworten Sie sie in möglichst einprägsamen Sätzen

Was habe ich für mich über das Thema Liebe erfahren und wie werde ich diese Erkenntnisse in den kommenden Tagen und Wochen ganz konkret umsetzen?

Tipp:
Diese Liste hilft Ihnen, sich die positiven Ideen immer wieder in Erinnerung zu rufen.

Was habe ich über mich und meinen Beziehungsstil erfahren? Was ist mir davon besonders wichtig und wie werde ich diese neuen Ideen zukünftig berücksichtigen?

Welche Erkenntnisse haben mir besonders geholfen, meine Partnerschaften/Freundschaften in einem neuen Licht zu sehen? Wie werde ich diese neuen Einsichten zukünftig nutzen?

Was habe ich über meinen aktuell wichtigsten Herzenswunsch erfahren und welche Konsequenzen ergeben sich daraus für die nächsten Tagen und Wochen?

Welche neuen Erkenntnisse hat mir die Arbeit mit der Energie des Herzens gebracht? Was hat sich durch die Übungen für mich verändert?

Welche positiven Einsichten haben mich besonders beeindruckt und wie werde ich diese Erfahrungen in den nächsten Tagen und Wochen verstärken?

Was habe ich gemerkt/gespürt/wahrgenommen, als ich die Feng-Shui-Empfehlungen in meinem Wohnbereich umgesetzt habe?

Wie werde ich in der nächsten Zeit dafür sorgen, dass meine Umwelt auch weiterhin einen positiven Einfluss auf mich ausübt und meine neu gewonnene Sichtweise fördert?

Register

Literaturhinweise

Weidner, Christopher A.: Feng Shui gegen das Chaos auf dem Schreibtisch. Rowohlt, Reinbek 2004
Weidner, Christopher A.: Feng Shui gegen das Gerümpel im Kinderzimmer. Rowohlt, Reinbek 2004
Weidner, Christopher A.: Feng Shui Praxisbuch. Droemer Knaur, München 2005
Weidner, Christopher A.: Wabi Sabi – nicht perfekt und trotzdem glücklich. Knaur, München 2007

Impressum

Wichtiger Hinweis
Die im Buch veröffentlichten Ratschläge wurden von Verfasser und Verlag mit größter Sorgfalt erarbeitet und geprüft. Eine Garantie kann jedoch nicht übernommen werden. Ebenso ist eine Haftung des Verfassers bzw. des Verlages und seiner Beauftragten für Personen-, Sach- oder Vermögensschäden ausgeschlossen.

Bibliografische Information der Deutschen Nationalbibliothek
Die Deutsche Nationalbibliothek verzeichnet diese Publikation in der Deutschen Nationalbibliografie; detaillierte bibliografische Daten sind im Internet über http://dnb.d-nb.de abrufbar.

Projektleitung: Caroline Colsman
Redaktion: Andreas Kobschätzky, Landsberg
Herstellung und Satz: Veronika Preisler
Umschlaggestaltung und Layout: griesbeckdesign, München
Reproduktion: Repro Ludwig, A-Zell am See
Druck und Bindung: Offizin Andersen Nexö Leipzig GmbH, Zwenkau

Printed in Germany

ISBN 978-3-426-64553-6

5 4 3 2 1

Bitte besuchen Sie uns auch im Internet unter der Adresse:
www.knaur-ratgeber.de

Liebessymbole für Ihre vier Wände

Geeignete Symbole können nicht nur den Qi-Fluss in Ihrem Heim positiv beeinflussen, sondern Ihnen auch als zusätzliche Kraftquelle für Ihre Beziehung dienen. Nutzen Sie also die kleine Rundreise durch Ihre Räume (siehe Seite 133 ff.) auch in dieser Hinsicht. Lassen Sie sich dabei von den folgenden Vorschlägen inspirieren.

Liebessymbole für den Eingangsbereich

Beginnen Sie schon im Eingangsbereich, das Qi positiv auf Ihre Beziehung einzustimmen. Überlegen Sie:

- Welches Symbol könnte für Ihre Beziehung stehen?
- Welche Qualität benötigt die Beziehung zurzeit?

Wählen Sie am besten ***paarweise Symbole.*** So könnte das Bild fliegender Schwalben für einen ***Neubeginn*** nach einer überstandenen Krise stehen oder ein Feder-Arrangement den ***Wunsch nach Leichtigkeit*** verkörpern. Als Single sollten Sie Symbole wählen, die einen dynamischen Neuanfang versprechen, wie die Trommel, der Hahn oder auch das Bild eines Weges. Eine Uhr zeigt ebenso den ***Wunsch nach Veränderung*** an wie ein Rad.